Mi Búsqueda del Embarazo

Catalina Carrasco Gallegos

Artículo I. Contenido

Prologo

Cuando era niña le pedía a mi mamá hermanitos chicos, para tener a alguien más pequeño a quien cuidar, regalar ternura y amor a raudales. Me sentía muy guaguatera, era de las que cuando descubría vecinas embarazadas me acercaba y conquistaba su amistad para tener la oportunidad de guaguatear cuando su bebé naciera. Al parecer inspiraba confianza y seguridad, porque me daban acceso a las guaguas para cuidarlas, entretenerlas, tomarlas, mudarlas y alimentarlas, sin yo tener aun 10 años de edad.

Crecí observando los aciertos y los errores de mi crianza y la de mis hermanos mayores para empezar a cultivar mis habilidades maternales. Confundí mi vocación creyendo que era obstetricia, pensando que así podría guaguatear; pero cuando me descubrí que no tenía habilidades para la biología, desistí.

En mi juventud leía libros que me ayudaran a ser una persona con más herramientas para poder volcarlas cuando me llegara la maternidad. Pensaba... "Yo quiero tener al menos 2 hijos para regalarle un hermano a cada uno, y si son una parejita tanto mejor, para yo tener diversidad en la experiencia".

Con el tiempo encontré mi pareja perfecta y a algún tiempo de andar en nuestra relación sentimos que una niñita nos rondaba en los sueños, en la intuición, en el deseo, entendimos que nuestro primer bebé sería una niñita... casi la escuchábamos, sentíamos su ternura y suavidad a la que muchas veces le dije que aún no era momento, que nos esperara. Luego de algunos años de relación y estabilidad laboral, decidimos ponernos en campaña de tener hijos.

A mis 32 años de edad, mi pareja y yo le dimos inicio a nuestra campaña, visitamos el doctor preventivamente para hacer todo bien y me recetó vitaminas, calcio y ácido fólico para mi preparación orgánica. Pasaron los meses y no conseguíamos el embarazo, buscamos información popular y adoptamos posiciones sexuales específicas, observamos el moco vaginal para advertir el día de la ovulación, la temperatura, etc., tantas cosas como la imaginación dé.

Volvimos al médico después de intentarlo por algo así como un año y medio, el ginecólogo nos recomendó que no le dijéramos a los familiares de nuestra campaña para tener hijos, que esto era un tema de pareja y debíamos vivirlo como tal, porque las familias y amigos comienzan a hacer presión... ya era tarde, las presiones por parte de los parientes se hacían sentir de forma muy exigente y demandante, empezaba a afectarme mucho. Entre los exámenes médicos nos solicitaron un espermiograma, el cual resultó que los espermios tenían buena movilidad y un seguimiento ovulatorio, en el cual se vio que el ovario izquierdo ese mes no ovuló espontáneamente, entonces fue estimulado con una inyección de Pregnil 5000ui y tampoco ovuló; se repitió el seguimiento ovulatorio al siguiente mes y el ovario derecho si ovuló, no obstante no resultó el embarazo. Era enero, nos indicaron seguir haciendo seguimiento ovulatorio y estimular el ovulo con inyecciones por algún número de intentos que nos permitiera conseguir el embarazo o derivar a infertilidad para evaluar otras alternativas. Sentí que todo era tan invasivo (los seguimientos ovulatorio) y tan antinatural que le pedí a mi pareja que por favor nos fuéramos de vacaciones y nos relajáramos, a lo cual accedió.

De regreso de las vacaciones iniciamos un arduo camino de búsqueda del embarazo a través de las terapias alternativas/complementarias, donde el despertar de la consciencia, de lo que ocurre al correr el velo del inconsciente y bancarse cosas que están ocurriendo en mí, que están bloqueando el flujo de la energía tanto en forma sutil como en concreto físicamente, con una permanentemente sensación de descubrir cosas que he estado haciendo mal por mucho rato y están impidiendo que cumplamos el sueño y propósito de nuestra vida juntos. Descubrir cada vez cosas grandes que me cuesta cambiar, notar que eso no es todo y hay algo más que también estoy haciendo mal... otra cosa más y otra más; me estresó descubrir cuantas cosas estaban boicoteando mi deseo más genuino de ser madre.

Mientras tanto tener cada vez la esperanza que este reciente desbloqueo de energía había liberado el impedimento y que esta vez sí que el embarazo resultaría, y si no resulto esta vez, la siguiente sí que si... y de nuevo no. Cada mes la fe se nos escapaba de las manos, con cientos de desilusiones y flujos hormonales depresivos con cada flujo de vitalidad y fuerza que se iba en mi menstruación.

Luego de intentarlo por 3 años y medio, decidí poner freno a la espera de la maternidad y parar con la ansiedad que acompañan a cada ovulación y la desilusión de cada menstruación. Me sentía desfallecer en la frustración del sueño de mi vida, miré a mi alrededor, me volqué hacia mi pareja y me di cuenta de cuan destruida estaba nuestra relación, es como si la campaña para tener bebes hubiera sido una batalla que arrasó con su entorno.

Me di cuenta que nosotros no conversábamos, lo que hacíamos era sostener monólogos ordenados, para ser más específicos yo desarrollaba monólogos y él escuchaba; esta conducta tenía su origen 2 años atrás, cuando yo me sentía interrumpida poniendo en mi boca palabras e ideas que yo no decía, otras veces me respondía con calificaciones y juicios hacia mí de lo que yo le contaba, o también ocurría que me decía como resolver las cosas cuando yo solo quería volcar mis emociones y sentimientos sin pretender que él me los solucione; solo quería liberar y desahogarme. Por tanto, poco a poco le fui pidiendo que no me interrumpiera y que me dejara hablar o que solo quería que me escuchara sin que me diga nada (para evitar juicios o instrucciones de solución). Él reaccionó sacando su parte de rebelde y se fue al extremo, sin pronunciar ninguna palabra cuando yo le conversaba cosas. Claro, yo felizmente me explayaba sin notar que se estaba rompiendo la comunicación.

Con el tiempo se fue notando que él se quedaba con una idea errada respecto del mensaje que yo quería transmitir y muchas veces asentaba bases sobre algo, que para su entendimiento, yo le había dicho y para mi estaba lejos de lo que yo sentía, pensaba o creía. Nuestra comunicación se estaba distorsionando.

Como resultado, producto de mi intervención, tenía frente a mí un hombre desconectado de sus sentimientos, deseos y pensamientos, castrado de opinar. Destruí la persona que amo y más cerca tengo en el mundo, me sentí muy arrepentida de cuán lejos llegó mi necesidad de no ser interrumpida ni juzgada.

Reconocer, arrepentirme y pedir perdón no servía de nada, porque mi pareja ya había dejado de saber que quiere, que piensa, que siente, simplemente dejó de mirar a su interior y era un camino del cual no quedaban ni huellas para reconstruir.

Me sentía muy destructiva, sentía que estaba atentando contra mí y contra mi entorno más próximo, me sentía extraviada sin saber cómo salir de este estado. Me sentía responsable de la involución de mi pareja y a la vez pensaba que él lo permitió todo, que yo no puedo hacerme responsable más que del 50%, él es un adulto, solo que es un adulto con pocas herramientas técnicas y con poca capacidad de abstracción dentro de un tupido bosque. Quien tiene más conciencia se lleva más porción de responsabilidad. Siempre buscando construir y lo había erosionado todo, sentí que era un fiasco, un engaño mi desplante y mi persona.

Me sentí muy egocéntrica, creyendo que yo tenía tanto poder como para provocar todo ese efecto, que si yo no podía hacer algo por mejorarlo, todo se iría a la destrucción total.

Si yo me hundía, todo se hundía conmigo; desesperada buscaba ayuda, el Cosmos me cerraba todas las puertas diciéndome que "debía entregarme totalmente a la relación", como si no lo hiciera, como si no fuera suficiente, todo estaba cubierto con un manto de egoísmo.

Además, sentía que con renunciar a la maternidad estaba fallando y variando gradualmente algo que en la distancia del tiempo se notaría su perjuicio. No podía dimensionarlo, pero sentía que era mucho, había perdido mi motivación de vivir y para más me sentía culpable de daños visibles en mi entorno.

Renunciar a la maternidad era sinónimo de renunciar al sueño de mi vida. No sabía en qué ocupar los dos tercios de la vida que creo que me quedan, es como si los siguientes 60 años fueran una condena.

Empecé a liberar contenido dentro mío conversando con mis amigos de trabajo, con quienes compartía los almuerzos y hablaba sin censura de mis cosas, todas estas historias donde antes suprimía las canalizaciones del Cosmos, mensajes metafísicos, experiencias multidimensionales, información clasificada de mi intimidad personal, todo; me saque la autocensura, sin importarme si me tratarían como un bicho raro que habla cosas incomprensibles. Les volqué mi crisis actual, lo que me había conducido a esta crisis y cuan perdida estaba. Les confesé mi vulnerabilidad.

Para mí fue un gran paso toda esa información volcada, para ellos fue verme de un modo distinto lo cual fue muy cómodo para mí porque no quería cargar con el tema todos los días.

Para re-inventarme, necesitaba volcarme a una actividad de trasfondo que me llenara; mi trabajo me gusta y lo disfruto pero no trasciendo en él. Tal vez trascendería si volcara mi desarrollo personal al ámbito laboral y en ese caso podría perfilarme en otros cargos. Una forma de trabajar para conseguir esos cargos es potenciar mi currículo y mi red de contactos, lo cual se puede resolver con un pos-título. Pero eso significaría volcar mi vida a mi trabajo, vivir para trabajar.

Otra forma de re-inventarme, incorporando la trascendencia, es cambiar de rubro y trabajar en algo metafísico, energético de bienestar y desarrollo personal. Solo que siento que es un gasto energético importante ayudar a personas que no me han pedido ayuda y probablemente no quieren ser ayudadas y solo disfrutan quejándose. Una forma de ayudar a personas que me pidan ayuda es dedicarme a hacer terapia, pero ahí tengo un inconveniente; que no siento que tenga ninguna panacea a mi haber, de hecho no le he ganado a nada, solo he abierto conciencias, no he resuelto nada en mi vida aun. Por ahí me gustaría dedicarme a algo que vaya con mi filosofía de vida, solo que no me atrevo a ser un referente para nadie, me gustaría dedicarme a hacer meditaciones, así como las personas van a un gimnasio a descansar el cuerpo, yo podría usar ese concepto dirigido a la mente y el espíritu. Quise averiguar cómo está el valor de mercado de eso y como es el producto/servicio que ofrecen y en la exploración a terreno me fallo la compañía y ahí flaquearon mis fuerzas.

Estuvimos 3 meses en catarsis de pareja, en algunas otras terapias orientadas a reconstruir nuestra relación. Reiniciamos la campaña de ser padres juntos con otra mirada y energía, con el nuevo amanecer de una tormenta extenuadamente larga. Descansando de terapias y despertares de consciencia que se transformaban en estrés.

Al año siguiente buscando trabajar en mi búsqueda del embarazo, que aún no surtía efecto, leí un libro que recomiendo ampliamente: "Mente Sana Embarazo

Seguro" de Niravi B. Payne, que me guió y acompañó durante ese año libre de terapias para conseguir nuestro deseado embarazo.

Al pasar otro año más, quise buscar apoyo nuevamente y no encontraba terapias que fluyeran en mi camino, más bien sentía que esa búsqueda se me escapaba, como una señal, ya que agendaba horas y a última hora me las cancelaban, o los terapeutas no tenían la agenda libre para acogerme hasta mucho tiempo más, etc. Pedimos hora al ginecólogo nuevamente, ahí siempre hay alguno que tiene hora para la semana en curso, y empezar haciendo exámenes ya de infertilidad, dado el tiempo transcurrido sin conseguir embarazo, sentía un fuerte rechazo a ser etiquetada de infértil pero esta vez estaba dispuesta a seguir ese camino. Los seguimientos ovulatorios arrojaban que el ovario izquierdo no soltaba el óvulo en 3 meses seguidos y el ovario derecho no obtuvo su turno de ovular en esos 3 meses; en un examen de histerosalpingografia se mostró que la trompa izquierda estaba levemente tapada pero durante el examen se destapó. Según la orientación de ese médico, sin óvulo no hay nada que hacer, así que la propuesta fue hacer una cirugía donde se le hicieran llagas al ovario de manera que cuando creciera el ovulo en su interior, rompiera el ovario y liberara su salida hacia la trompa.

Mis circunstancias personales estaban en cambio, había sido despedida de mi trabajo recientemente, en una decisión de pareja, resolvimos que no buscara trabajo con el propósito de desintoxicarme energéticamente, equilibrarme, relajarme y naturalmente lograr que mi ovario izquierdo soltara el ovulo (evitar la cirugía que sonaba terriblemente agresiva para mi ovario), reinventarme y cambiar de rubro a ofrecer terapias, ganar confianza en mí y en nuestra relación de pareja.

Tubo un tremendo efecto dejarme sostener económicamente, total y completamente por mi pareja, cambió mi perspectiva y mi centro de gravedad. Mis prioridades económicas se reordenaron, mi flujo de energía se movió.

Al año siguiente ya con 39 años y el tic-tac del reloj biológico social, me urgí y busqué terapia de acupuntura, con sesiones semanales por 8 meses, aprendí de mi cuerpo desde otra perspectiva, más física, sin levantar taaaantas consciencias, con menos estrés en ese aspecto. Dos veces estuvimos con la certeza de tener un ovulo fecundado que no se anidó, con la certeza que la acupuntura da, ya que con la cantidad de pulsos que ellos examinan permite leer el interior del cuerpo sin exámenes de sangre, ni orina ni ecografías; pero finalmente la regla llegaba algo atrasada y ninguna de esas veces calificamos para hacer una prueba de embarazo de farmacia. Finalmente por recomendación de la terapeuta tomé descanso mental de la campaña y por primera vez dejaba de tomar el ácido fólico, las vitaminas, hacer terapias, leer libros, registrar mi periodo y eventos de mi ciclo hormonal... ¡y soltar todo!

No fue fácil soltar, de hecho no sé soltar, en verdad creo que nunca solté del todo, el caso es que 2 meses después sin darme cuenta, ni contar días, ni sentir siquiera mi cuerpo, un atraso de aproximadamente 4 días (no porque llevara la cuenta, sino porque tuve síntomas de regla un dia vienes y el dia martes siguiente aun no bajaba mi regla) un test de embarazo dio por primera vez en mi vida, POSITIVO...

Francamente no sé cuál es el camino exitoso al embarazo, de hecho por mucho tiempo me costó asimilar que efectivamente estaba embarazada. No sé si realmente hice algo para que funcionara, quizás solo es que mi momento era ahora y no antes, o quizás el momento del espíritu de nuestro hij@ es ahora y no antes o tal vez el momento de mi pareja es ahora; no se… pero quiero entregar este libro a ustedes como un testimonio del camino recorrido que en el mejor de los casos tiene aciertos para encontrar el embarazo y en el peor de los casos tiene pasos que me han hecho una persona un poco más desarrollada en espíritu, mente, emociones, energía y cuerpo.

Autodescubrimiento 1

"Soy muy exigente, no debo generar expectativas y aceptar lo que venga con espíritu de amor".

Este recorrido por las terapias alternativas comenzó a los 2 años de haber iniciado la búsqueda del embarazo y no tener satisfacción con la medicina tradicional, sentir que algo falta, que de algún modo no se están llenando todos los espacios en nuestro interior.

Inicialmente llegamos a un terapeuta de PNL+Flores de Bach y lo primero que hicimos fue entrar en meditación y conversar con un síntoma que antecedía las jaquecas algunas veces; un sabor acido en la boca, cuando conectamos con el sabor acido en la boca, le dimos forma, color, textura, tamaño y nombre: "cinta acida", lo sacamos del interior de mi cuerpo y lo ubicamos frente a mis ojos para conversar, le preguntamos que cual era el propósito de visitar mi cuerpo en ciertas ocasiones y se negaba rotundamente a responder, era cono si permanecía frente a mis ojos pero hacia silencio categórico y quería que yo le viera en esa expresión de estar apretando los labios para no hablar (por así decirlo). Entonces le preguntamos si acaso necesitaba algo para entregar el mensaje que venía a dar con su presencia y ahí asintió; dijo que requería una postura más blanda y receptiva de mí parte, mi postura irradiaba una energía muy rígida. Luego de cambiar el estado energético entregó el mensaje de que "Soy muy exigente, no debo generar expectativas, debo aceptar lo que venga con espíritu de amor".

En cuanto recibí ese mensaje, no había posibilidad de desconocerlo ya que me sé crítica, autocrítica, exigente, con expectativas altas y rígidas, muy racionales y planificadas. Creía que esas eran virtudes de compromiso, lealtad y responsabilidad en la competencia social y laboral. Además, llevado al ámbito maternal, sentía que tendríamos un bebé especialmente dotado de amor y espiritualidad, sentía que el mundo necesitaba nuestr@ hij@ y que sería una experiencia revolucionaria para mí. Puse expectativas altamente exigentes para nuestro bebé.

Entendí que necesitaba trabajar el desapego hacia las expectativas de quien fuera mi bebé, para que este bebé se sintiera libre de venir fuera como fuera, sin necesidad de ser un espíritu muy elevado ni un líder mundial. Con mucho trabajo logré soltar las expectativas volcadas sobre el/la bebé.

Quizás en ese momento no fui capaz de sacar toda la información contenida en ese mensaje, pero hoy desde la distancia me doy cuenta que ese es un estado poco femenino, carente de receptividad, calidez, contención, aceptación; necesidades muy básicas para poder anidar una nueva vida en mi cuerpo y acompañar su desarrollo por el tiempo necesario para nacer al exterior.

Pienso que estudiar una carrera de ingeniería y desempeñarme laboralmente en ello, despliega habilidades racionales de crítica, exigencia, planificación entre otras; incluso esas habilidades potencian hacer carrera y tener un pasar económicamente estable y socialmente independiente. Son características que dentro de un ámbito laboral muy deseable y positivo tenerlas. No obstante para un proyecto personal, familiar que requiere de mí el rol de anidar y acompañar en el desarrollo primario como su universo más próximo; son características inhóspitas.

No permite la expresión del amor incondicional, del altruismo, dejar ser, ni empatía, la tolerancia, el perdón,... energéticamente mis órganos están configurados para recibir solo lo planificado y desde esa perspectiva, todo cuanto no cumple las expectativas queda excluido, ya sea el ovulo que está en maduración dentro de mi ovario, si no cumple el estándar se descarta, o el espermio que lleva la delantera en la carrera si no cumple las expectativas se rechaza o el huevito fecundado que no está a la altura se elimina.

La maternidad requiere características muy ying o habilidades blandas o desarrollo del hemisferio izquierdo del cerebro, lo que socialmente entendemos como femeninas (sin querer descartar que los hombres también las desarrollan). Cuando uno tiene un desarrollo equilibrado entre el ying y el yang, administra correctamente esas energías para que en unas circunstancias despliega unas u otras habilidades y separar eficientemente los flujos energéticos, es posible desempeñarse en distintos espacios eficazmente. Pero yo, claramente estaba polarizada sin poder hacer el equilibrio porque mi desarrollo desconocía la ternura, la intuición, la flexibilidad, el desapego a la imagen a la intachabilidad. Aprendí que no por hacer algunas tonteras de vez en cuando me transformo en una tonta, más bien puedo alternar en hacer algunas cosas livianas y cosas de mucha competencia intelectual, también. No por llegar algunas veces tarde, me convierto en una impuntual, más bien ejerzo mi flexibilidad y discrimino cuando se puede y cuando no se puede flexibilizar en la puntualidad. En general aprendí a chasconearme y salirme de la lineal y empecé a pasarlo mejor en la vida, me sentí más libre y tolerante hacia los demás; liberé a mi bebé de ser alguien épico.

Autodescubrimiento 2

"Miedo a los grandes cambios"

A la siguiente sesión abordamos los dolores de cabeza que empezábamos a notar que tenían concordancia con cada ciclo ovulatorio y menstrual, era un dolor muy fuerte, eso hacía muy difícil tener relaciones sexuales con jaqueca los días de ovulación, dejarse llevar con dolor era muy difícil y antinatural. Era como si no fluía.

Miré mentalmente mi vida en una línea de tiempo, y lo que vi fue una línea recta interrumpida por un tramo en zigzag y continúa recta. Al profundizar en ese tramo zigzag , se reveló que ese tramo zigzag, contenía el momento de mi vida en que a mis 13 años de edad, después de vivir toda mi niñez en Antofagasta, nos trasladamos con mi familia a vivir a Santiago y ahí empezaron en mi vida las jaquecas, los miedos a la delincuencia y a la sociedad (capitalina), al poco tiempo mis hermanos se fueron de la casa y quede sola con mis padres, sin aliados para enfrentar la adolescencia, sin amigas ni hermanos; la sensación de ese evento y los años venideros, para mi fueron una catastrófica tormenta, que en retrospectiva me hacía "ver" esa parte de la línea de tiempo, alterada. Lo que es más aun, mi guardián interno percibe que el cambio que la maternidad implica es tan impactante como el cambio de ciudad que tuve a mis 13 años de edad, así que envía un síntoma para evadir la maternidad, ya que el único gran cambio que ha experimentado tuvo altos costos emocionales, sentimentales, sociales, sicológicos y muchos ámbitos más para mí. La maternidad es una elección de cambio que no permite retorno (no como otras elecciones que uno puede tomar en la vida, que si pueden deshacerse), la perdida de libertad y de voluntad es irreversible.

Ahí noté que le estaba dando mucha oreja a las quejas de mis amigas madres que estaban en periodo de crianza, esas quejas gatillaron en mi inconsciente la conexión de la experiencia de la maternidad con un cambio costoso que mi cuerpo si conocía.

Tomar consciencia de ese miedo que dejó el registro de aquella experiencia en mis células y su relación con esta experiencia nueva que estaba eligiendo vivir, fue muy reveladora. Enseñarle a mi cuerpo a creer que esta vez el cambio puede ser mejor y que también tiene grandes gratificaciones.

El Cosmos en una canalización, nos dijo que "debíamos entregarnos completamente a la relación, hay partes que no quieren entregarse por completo, dejando todo ego de lado. Falta dejar fluir COMPLETAMENTE el amor, sin miedos, aprehensiones o resquemores no importa lo económico, lo físico, solo importa el amor dejarse de pensar en ciclos, dejar fluir el amor, unirse plenamente en cualquier momento, los huevos pueden salir en cualquier momento, más allá de lo que diga la ciencia, en un momento de mucho amor puede ocurrir un embarazo no hay que guardarse para una fecha solamente, ni tampoco pasar como conejos todo el día. Amar antes de consumar el sexo, durante el sexo y después del sexo, hacer el amor no es un acto reproductivo, es un acto de amor".

Mi profundo deseo de ser mamá se expresaba en recurrentes sueños con guaguas, es mi subconsciente el que habla a través de los sueños; lo que queda es aplicar la energía para que llegue al consciente sin miedos y así se materialice.

Sonido-Terapia

La energía la entiendo como vibración, frecuencias de vibración y los sonidos son para mí la manera más grafica de vibrar. Mantras como el OM genera una tangible vibración que puedo dirigir a la garganta, al pecho, al estómago, a la cabeza, según donde ponga la consciencia e intensión.

Con todo este contexto llegue a la consulta de un renombrado terapeuta de sonido, recomendado en un reportaje de una revista. Recostada sobre una camilla con los ojos cerrados, recuerdo que hizo sonar un gong, esas ondas cubrieron desde mi coronilla hasta los pies, a diferencia de lo que pudiera imaginarse, no es nada molesto, no se siente fuerte en volumen, si se siente muy potente. El terapeuta hizo un sonido con su boca y lo dirigía a mi segundo y tercer chakra. Aplicó varios sonidos solo que yo no era capaz de distinguirlos ni reconocerlos. El didjeridú me tenía muy curiosa, así que estaba atenta a cuando lo usara en mí y su sonido me hizo mover todo adentro, es una vibración diferente, es como de adentro hacia afuera. Durante la sesión, como nunca antes, había sentido flujo energético entrando por mi corona estando yo en posición horizontal, esa sensación la había tenido muchas veces pero solo en posición vertical, sea sentada o de pie, con mi columna vertical. Fue una sensación muy placentera, durante toda la sesión, era como un masaje interior y sin contacto, era como si todos los órganos y partes internas del cuerpo físico hubieran sido acariciadas, chasconeadas un rato y sacudidas, se siente como si todo por dentro quedara removido y ágil.

Una vez afinada física, mental y emocionalmente, el terapeuta dio su diagnóstico: "Estas bastante bien, no tienes ninguna enfermedad. Muy pronto serás mamá, tu embarazo será el fin de tu proceso actual y estas a muy poquito de lograrlo, te diría que dentro de los próximos meses me escribirás diciendo Estoy embarazada!!! Y quiero leer tu email, así que escríbeme".

Mi ilusión se enalteció, era lo mejor que podía imaginar escuchar, que me dijera que no había nada más que hacer, poco menos que el espíritu de mi bebé ya está en la recta final para su tránsito a la encarnación...mediante mi como portal. Salí contentísima de esa sesión y muy radiante energéticamente.

Autodescubrimiento 3

"Quejas de pareja"

Ya a estas alturas llevábamos 3 años de búsqueda del embarazo, con cientos de desilusiones y empezábamos a tener experiencias separados respecto del proceso, yo por un lado me derramaba en llantos y mi pareja por su lado centrándose en el optimismo que repelía dejarse embargar por la emoción de que cada vez el embarazo se nos escapaba como agua entre los dedos.

En terapia sintergética salió a la luz varias quejas entre nosotros como pareja, por un lado yo recibía el reclamo de "no hacer cariño y que lo alejaba de mí, que dormía en el larguero" y yo me quejaba de "necesitar más espacio, ser muy inquieta y que él era un niño chico que no tomaba decisiones y que yo no estaba dispuesta a cargarlo como hijo, él era el grande en esta relación (7 años mayor que mi)".

Eso es por quejarse de algo, pero en realidad la constante frustración nos empezaba a mermar las fuerzas y procurando permanentemente mantener las buenas relaciones para mantener el amor y concebir nuestro hijo.

La convivencia en pareja conlleva ceder, tolerar y aceptar muchas cosas, para llegar a acuerdos y salir adelante con la rutina diaria y la relación de pareja en sí. No obstante hay un límite donde esto es o no sano y tal parece que la frontera es cuanto me afecta, si lo que estoy cediendo en realidad deja un rastro de enojo que contengo y no expreso de ningún modo nunca, sin duda esa emoción se encarna en el cuerpo, ¿en qué lugar? Uf!!! Puede ser hígado si es rabia o enojo, si es resentimiento puede ser en otro órgano o si es victimización y pena en otro órgano diferente.

Para mantener el amor es básico mantener las cuentas al día, no guardarse las emociones que creemos que si enfrentamos se destruye un momento, evitar vaciar esas emociones negativas a la larga destruye más la relación que si se sacan en el momento y del modo más adecuado, sin agresividad.

Sin lugar a dudas si una parte de mi rechaza en alguna forma la pareja con la que quiero tener un hijo, se expresara en el sistema reproductor. Cualquier roce no resuelto en la pareja impide energética y orgánicamente la fusión de dos células que puedan generar una nueva vida.

Sabía que estábamos tapando el sol con un dedo al echarle tierra a las diferencias y evadir los conflictos, pero mi deseo de ser madre sacrificaba todo eso, porque quería con todo mi ser el embarazo. Era claro que tragándome algunas palabras bloqueaba mi energía reproductiva y más claramente aun, recibir su espermio era como comer sin masticar para no paladear el mal sabor.

Fue el primer llamado de conciencia a nuestra relación de pareja.

Autodescubrimiento 4

"Yo me estoy destruyendo a mí misma, mi relación de pareja me llevó a la involución y estaba enfermándome mucho."

Me sentía con mis fuerzas completamente erosionadas, cayendo a un abismo, estresada por notar cuanto hago mal y sin poder hacerlo bien, es como que simplemente no me sale hacer las cosas diferentes. Quería apoyarme en mi pareja para cambiar. Él estaba centrado en sobrellevar con optimismo el hecho de que el embarazo se nos escapa de las manos, cada vez más distante de mí. Sin hacer un trabajo terapéutico de desarrollo personal.

Quise alinearme a él porque no quería perderlo todo, al menos permanecer juntos, siempre he estado convencida de que es mi alma gemela, el flujo energético entre nosotros es singular, muy potente y según como estemos calibrados podemos hacer arder Troya o podemos conseguir milagros. No puedo aceptar ni convencerme de que no podamos ser padres juntos y menos aún que esta frustración nos distancie.

Me sentí muy sumergida en el ego, así también lo sentía a él; no existía otra explicación en mi entendimiento para que siendo almas gemelas no pudiéramos alcanzar el embarazo.

Todo este proceso, largo a estas alturas estaba cargado de muchas jaquecas, me sentía recurrentemente dolorida, invalidada. Tomando cada vez consciencia de más y más miedos que condicionan mis hábitos, conductas y circunstancias de mi vida. Me veía a mí misma sumergida en una oscuridad y densidad. Increíble si consideramos que tiempo atrás, justo antes del inicio de la campaña de bebé, mi energía era vibrante, rebosante, muy elevada, juntos levitábamos y experimentábamos la real fuerza de la sinergia en cada tarea que abordábamos juntos. Esto era un retroceso, en estado de consciencia y calidad energética era involución.

En terapia sintergética, la terapeuta me condujo a tomar consciencia de este tránsito vibracional que había alcanzado y a su prisma estaba influenciado por mi pareja; en su opinión las mujeres sostenemos a los hombres evolutivamente, para que ello ocurra los hombres deben dejarse conducir y el mío no estaba movilizándose y yo por mantenerme junto a él estaba densificando mi vibración y enfermándome mucho.

De esa sesión salí convencida de que mi maternidad estaba obstaculizada por la cotidianeidad con él. Es más, a ojos de la terapeuta debía elegir entre ser madre o ser pareja de él. Siendo que lo único en concreto es que estábamos en una crisis de pareja porque nuestras fuerzas se encontraban mermadas por la búsqueda tan extensa y extenuante del embarazo.

Autodescubrimiento 5

"Miedo al abandono"

En una sesión de terapia sintergética, similar o equivalente a las constelaciones familiares o la ancestrología u otras. Ocupé el lugar y espacio de mi pareja, mirándome a mí y sentí: miedo a que ella dejara de amarme y se fuera, impotencia de no tener más por hacer/dar, esto lo sentía en el corazón, vientre y guata.

En nuestra primera infancia, tenemos experiencias que bajo nuestro prisma de niños determinan nuestra interpretación del mundo y condicionan nuestras percepciones futuras de por vida, en este caso él fue atrapado sicológicamente, en su infancia, recibiendo un amor condicionado a la utilidad y no le permite sentirse amado incondicionalmente.

Recurrentemente teníamos discusiones donde él dudaba de que yo lo amara y sentía que él me servía. No importaba cuanto yo le aseguraba y mostrara con mis expresiones de amor cuan perpetuo e incondicional es mi amor hacia él...esa fisura en la primera experiencia de amor en la infancia, en el seno de sus padres condicionaban a que cualquier relación de amor estaba teñida por el miedo a ser abandonado. Yo, su pareja, no puedo suplir el amor de su madre, como primera proveedora de amor cálido, por tanto le compete a él hacer trabajo de desarrollo personal para desbloquear la receptividad del amor incondicional.

Bueno todo miedo provoca un bloqueo energético que impide la virtuosa irrigación de la energía. Ahora si ese bloqueo es para con la pareja, cualquier actividad reproductiva se ve entorpecida. Es como lanzar una piedra con toda nuestras fuerzas a un objeto, pero cuando nuestro brazo está en la mitad del trayecto de lanzamiento, el miedo retiene gran parte de la fuerza por tanto la piedra no llega a su objetivo.

Autodescubrimiento 6

"El camino evolutivo es individual versus miedo a quedar sola"

El aprendizaje y por tanto la evolución es un desarrollo personal e individual, nadie puede aprender a leer por el otro, le puedo leer pero no puedo aprender por el otro, el aprendizaje siempre es personal.

En el desarrollo evolutivo tanto más aun por que la consciencia, ver cosas que antes no existían para mí ,es intransferible, le puedo contar al otro y convencer de que las cosas funcionan de tal o cual manera, pero que él lo viva y asimile es otra cosa... tal como la ley de atracción que vimos en el documental de física cuántica "El secreto", lo entendemos a nivel racional, pero mientras no abramos nuestra consciencia, ese no va a ser un tema experiencial de nuestras vidas, no mientras no abramos nuestra consciencia a esa dimensión.

Y abrir nuestra consciencia, depende primero de que queramos, de que reunamos la energía para que las circunstancias se alineen y finalmente que nuestra visión interna deje entrar la nueva energía.

Para mí, cada vez que experimento algo liberador o descubro un conocimiento que me transporta deseo que los que están más cerca también lo experimenten, y así es como intento que mi pareja haga los mismos talleres que yo, le lleno los oídos de mis reflexiones e iluminaciones que espontáneamente tengo. Y a mi familia natal los trato de convencer de las nuevas creencias y descubrimientos de flujos en la vida... y así mantener unido e integrado mi clan y continuar juntos desarrollándonos.

Tengo convicción de que cuando uno cambia de hábitos energéticos y consciencias, las experiencias que nos ocurren cambian también, nos empezamos a rodear de otros escenarios y personas. Así es como en la vida hemos dejado gente atrás y sencillamente perdimos contacto, nuestros caminos y sintonías vibratorias se disociaron.

Es por ello que hay personas que no estoy dispuesta a dejar atrás, como son mi familia natal y mi pareja. Me niego a que ellos no entiendan y transmuten sus creencias y experiencias a otras más libres. Deseo con todas mis ganas que la fuerza no nos separe y observar que desde mi mirada están presos en sus propias decisiones para superar sus enfermedades o sus obstáculos de vida, me paraliza.

A veces quiero dejar de avanzar y muy inconscientemente he elegido enfermar de lo mismo, para que juntos lo sanemos. En una parte muy profunda deseo demostrar que se puede, pero aun así no consigo que lo hagamos juntos, lo hago yo pero se levantan otras respuestas donde tú si puedes permanecer enfermo y yo sanar.

El desarrollo evolutivo es individual y no puedo más que compartir mi energía, mi aura cuando estamos reunidos para que tus circunstancias se alineen y en algún momento te decidas a dejar atrás tus hábitos que te tienen preso de tus circunstancias que a tu propio juicio lamentas.

Es momento de soltar, no puedo obligar a nadie a seguir el mismo camino que yo por mucho que quiera mantener este clan reunido.

Entender esto fue muy doloroso para mí, pero era esencial encarnarlo más allá de dejarlo a nivel de comprensión. Necesito que mi cuerpo deje de sintonizarse con energías externas nocivas, necesito dejarme magnetizar por mi plan de vida para que las energías saludables salgan a mi encuentro. Debo soltar todo cuanto sostengo yo sola y no me pertenece, en realidad a esta altura de mi vida debo hacerme cargo de mi solamente, todos los demás son adultos y responsables de sí mismos, con más o menos consciencia pero viviendo su libre albedrio. Yo debo dirigir todas mis energías en mí y todo cuanto se alinee con mi plan de vida... ahí tendré un bebé que dependerá de mi por varios años.

Más allá de quedar sola, siempre estaré rodeada de mis semejantes en vibración.

Autodescubrimiento 7

"Lo mucho que me importa ser mamá y debo evaluar cuanto estoy dispuesta a transar para serlo."

Estoy al lado de un hombre que amo profundamente y que me ama mucho, no obstante no me proyecta seguridad, no siento confianza ni puedo dejarme llevar. Ya ninguno de los dos somos los mismos de cuando nos enamoramos, cuando lo conocí él era "un pilar, sólido!!!" tomaba las decisiones en todos los ámbitos de su vida, su postura era firme, organizado, yo me sentía segura con él, él ponía la fianza, era mi respaldo. Si no me hubiera sentido segura nunca le hubiera dado el primer beso, siquiera. Para ser madre necesito sentir la protección y seguridad para saltar al vacío, protegida por él, igual como aquella vez que le di el primer beso.

Él ahora, a 4 años de estar buscando el embarazo incesantemente, se comporta inseguro, vulnerable, sin convicción ni fuerzas para poner límites... QUE PASO EN EL PROCESO !!!, ¿es algo que hice yo? ¿Lo eché a perder a él? ¿Eche a perder nuestra relación de pareja? ¿Lo eché a perder todo yo? Me lo he cuestionado, muy profundamente, más de una vez. Creo que no, creo que no es algo que yo haya hecho, sino es lo que soy, que le remueve alguna energía pasada que le gatilla este comportamiento. Es como un temor profundo, es como quienes se sienten ahogados en una pieza cerrada y no recuerda haber tenido una experiencia traumática en una sala cerrada, pero quizás es una experiencia olvidada o incluso podría ser una experiencia que encarnó un ancestro que le heredo la energía de la experiencia.

Sé que yo tampoco soy la misma, la experiencia no pasa en vano por nuestros cuerpos, mentes, emociones, energías, etc. El punto es que quienes somos ahora no se complementan lo suficiente para traer una nueva vida a este mundo, el costo es frustrar mi propósito de vida.

Sé que si hubiéramos permitido el embarazo en el inicio de nuestra relación tendríamos varios hijos ya! El punto es que hoy, juntos, no somos fértiles. La historia recorrida juntos y las energías despertadas en el camino nos han hecho esto, nos han mermado la vitalidad, la creatividad y la procreación.

En sueños y otras maneras se manifiesta mucho mi deseo de ser mamá y debo evaluar cuanto estoy dispuesta a transar por serlo, si quiero serlo a costa de un padre incompleto, a pesar de que podría estar sola en varios momentos de la crianza, en especial en los más difíciles. Entendí que el miedo a hacerlo sola y la desconfianza en el padre que mi pareja pueda ser para mis hijos impide que yo me embarace, porque el miedo me aprieta el vientre, estresa al útero y no permite la fecundación ni la anidación. Además me siento presa y torturada por la ansiedad y la desilusión de cada ciclo menstrual, lágrimas derramadas y otras aun dentro mío, dolores de cabeza acompañando cada fase del ciclo hormonal, no aguanto más.

Me siento agotada y sin fuerzas para abordar la maternidad, si es que decidiera llegar, sin fuerzas para bancarme los costos de estar sola en los momentos difíciles de la crianza ni fuerzas para compensar las in-completitudes del padre. Pensé que si cambio de pareja sería madre altiro ya que no abrían miedos estresando mi útero, además en el comienzo de toda relación hay apertura a descubrir, yo me cierro cuando tengo hechos concretos que me atemorizan.

Constato que el hombre que está a mi lado es la pareja perfecta que siempre quise, me atiende, me acompaña, me tiene paciencia, me ilumina, me transporta en cada paso del camino, como pareja es excelente, para que más, si cuando sea viejita quiero estar con él y aun cuando tuviera hijos, ellos tendrían su vida cuando estemos viejitos. A veces hay que soltar algunos propósitos para darle más intensidad a los que están en el ahora.

Renuncié a la maternidad, y la desconformidad con mi pareja como padre se liberó, ya no me importa que no sea el padre que quiero para mis hijos, si hijos yo no tengo ni tendré con él ni con nadie. Quise hacer el proceso en los niveles más sutiles también, así que le escribí una carta a mis hijos no encarnados, en estado espiritual aun esperando que se abra el portal.

Hijos

Soy la mamá, quiero hablarles a ustedes y decirles varias cosas:

El papá y yo nos (re)encontramos, nos (re)conocimos y nos (re)enamoramos en esta incorporación también. Tuvimos un lindo comienzo de romance, esos días tuvieron mucha valentía, luz y flujo. Es lo más lindo que he vivido en esta vida, sentir sinergia, amor y completitud. Formamos un entero con mucha fuerza.

Con el pasar de los años las experiencias que la mamá suma a su haber la van volviendo cada vez más cobarde.

La mamá es una persona que vino a aprender y su maestro es el dolor y su ayudante es el miedo. Solo así logro encontrar el camino que está trazado para mí.

Los últimos 7 años (que no por casualidad coinciden con el tiempo que el papá y yo nos re-encontramos) han tenido muchas lecciones, aprendizajes y crecimiento. Que dicho sea de paso, sin su papá no hubiera podido superar cada desafío de aprendizaje. El punto es que me siento muy agobiada por el dolor y abatida por el miedo.

Desde que estamos deseando la venida de ustedes, he enfrentado varios miedos que se incubaban en mí de manera muy subconsciente.

Quería la perfección en ustedes (no suena como un miedo, no obstante enmascara varios). Creía que tendría que ser la única que se esforzaría por el sustento material y económico, no daba cabida a la confianza y fe de que todo siempre estará cuando lo necesitemos. Temí tener que hacerme cargo yo sola de criarles a ustedes, ponerles límites y formarles en equilibrio, como quizás ya sabrán el papá es muy permisivo y en su sentido de fluir deja de hacer cosas que le cuestan y sabe que alguien las hará; o sea, me tocaría a mí ser la bruja!!!

Ustedes son lo más grande para mí. La verdad es que no concibo la vida sin ustedes y cada vez hemos puesto mucho esfuerzo para generar el portal de entrada de su dimensión a nuestra familia.

Cada vez que evidenciábamos que ustedes aun no iniciaban el viaje a nosotros, la mamá se deterioraba mucho. El papá ha sido muy valiente en esto, ha estado siempre en su pódium de sabiduría de manera muy hidalga.

Hijos, la mamá ha errado mucho y cada error le ha mermado sus fuerzas irreversiblemente.

En un momento creí y configuré la venida de ustedes como un proyecto de pareja donde la mamá repartió los roles y asignó a la mamá la tarea de ser vasija, por tanto estar más quieta y cultivar habilidades más femeninas y al papá le asigno la tarea de blindar el hogar manteniendo las amenazas fuera del perímetro. En eso, mi error estuvo en responsabilizar al papá de manejar "mi" miedo a responsabilizarme sola de nuestra familia.

El papá tiene su propia historia, registros y todo el derecho a resolver sus propios miedos y desafíos, según administre sus prioridades y necesidades. El papá no debe atenuar mis miedos ni responder a ellos dejando de ser "él" mismo. Que cambiara su conducta cuando mucho iba a callar el estímulo que gatilla mi miedo, no obstante la única que puede disolver y resolver mis miedos, soy yo mismu.

Hijos mientras yo no resuelva todo esto, el portal para su incorporación a través de nosotros, no se abrirá. Y estoy muy deteriorada, devastada, no siento que tenga la fuerza para vencer todos estos miedos.

Para ser franca estoy cansada de aprender y crecer a costa de dolor, correteada por el miedo. Ya no resisto más. En esta fatiga siento que la calidad de mi material genético disminuye considerablemente y mi resistencia para sobrevivir baja más allá de lo que debo poseer para acompañarlos a ustedes en sus primeros veinte años de iniciación en este planeta escuela.

He intentado buscar personas que me ayuden en el entrenamiento del camino, no obstante todos a mi alrededor esperan más de mi desempeño y confían en capacidades que intuyen en mí. El Cosmos me despeja el camino para que lo recorra sola y busque en mi interior; y lo cierto es que a esta altura me siento estresada y al borde del abismo.

Hijos, no doy más, juro que la mamá esta con luz roja encendida en su estanque de paciencia, fuerza, voluntad, persistencia. La mamá ya no tiene recurso energético ni emocional para acogerlos y darles un entorno sano.

Aquí se frustra "el" sueño de mi vida, lo siento, la mamá quedo sin fuerzas por tantas batallas.

Deseo profundamente volver al útero de la fuente y permanecer mucho tiempo solo engordando. Luego quiero ir a un lugar vacacional donde solo me dedique a tomar sol y respirar, un largo tiempo. Y muy francamente no planearía volver al planeta escuela, así que quizás no tenga embarazos, ni hijos en lo próximo (cientos de años terrestres).

Pido perdón por haberlo echado todo a perder. Esto no debía ser así. Lo siento en mi corazón.

De alguna manera cambié el rumbo y lo varié de forma desfavorable, pido a Dios que me ayude a perdonarme y a ser perdonada.

Hijos los amo con todo mi ser, los amo por siempre.

Ahora solo me resta dejarlos libre para que crucen el portal a través de otros padres. Y entregarles mi palabra de que si nos encontramos en esta in-corporación y ustedes me reconocen, pueden abalanzarse a mis brazos sin necesidad de una previa presentación y mi corazón les abrazará con el eterno amor que queda reservado para ustedes hijos míos.

Hijos si pueden hablar con Dios, pídanle que me ayude a re-inventarme en esta vida. Siento que estoy en la cuerda floja de la autodestrucción en mi vida. Siento que estoy con el estanque de reserva y aun no se hacia dónde conducirme para recargar para lo que me queda en esta vida.

Gracias hijos, por impulsar mi vida desde que nací hasta el día de hoy.

Perdón

Lo lamento mucho

Los amo eternamente

Gracias por existir.

Autodescubrimiento 8

"Una ambivalencia de la figura primaria materna."

Ya desde la renuncia a la maternidad, solo quedaba recomponer la relación de pareja y acudimos a un psicólogo de parejas, quien en su espíritu analítico no se demoró mucho en aplicarnos el test de Rorschach, ahí se mostró presente en mi: Una ambivalencia de la figura primaria materna; lo que hace suponer que mi mamá y yo éramos muy apegadas y en algún momento que yo la busqué ella no estuvo; eso se registró como ambivalencia en mí. La función materna me transmite caos, angustia y me inseguriza.

Lo cierto es que busco en los recuerdos y nada viene a mi mente, le pregunto a mi mamá y tampoco hay algo de lo que ella sea consciente; se estima que este suceso debió ocurrir en los primeros 5 años de vida.

En todo caso existe una teoría que dice que en la base primaria del desarrollo humano está el rol de la madre como fuente principal de amor, ternura y calidez.

Cuando esto falla en los primeros 5 años de vida el niño/a queda con la base fisurada y de ahí en adelante esa carencia le condiciona a percibir su entorno con ese sesgo de persecución donde en ese aspecto los demás conspiran contra él/ella, insegurisandole en espacios donde le resuena esa carencia de la primera infancia.

Bueno en mí está claro que me impide la maternidad porque siento caos, angustia e inseguridad. Posteriormente en una terapia de PNL (Programación Neuro-Lingüística), trabajamos ese bloqueo, aprendiendo a ser yo misma mi propia madre; se supone que con la madurez una misma debe aprender a entregarse amor, ternura y calidez (características del arquetipo de la madre), es aprender a lamerse una misma las heridas, a veces nos llenamos de personas alrededor para que desempeñen ciertos roles y se responsabilicen de nosotras en circunstancias puntuales. Pues bien, crecer y madurar consiste en hacerse cargo de sí mismas y toda cuantas personas nos acompañan en la vida es para compartir y disfrutar no para cargarnos. Nuestras relaciones deben ser libre y espontáneas, no ponernos en la mochila a gente ni hacernos cargar por nadie más. Si ello ocurre que sea un apoyo no una función o deber principal de alguien. Así es como es muy importante para nosotras las mujeres, perdonar a nuestras madres por todos los errores cometidos en nuestra crianza y ser nosotras mismas las madres que sabemos que nos merecemos, debemos liberar a nuestra madre terrenal de ser perfectas a nuestros ojos y seguir exigiéndoles lo que ya no fue, no es, ni será.

Autodescubrimiento 9

"Figura paterna disminuida."

Otra revelación del test de Rorschach es que la figura paterna la siento disminuida y por superar la relación le bajo el perfil a esa parte vulnerable y me instalo en la fortaleza de la figura paterna, como cerrando los ojos a la fragilidad del rol paterno. Lo anterior hace suponer que por alguna experiencia en la primera infancia, quedé condicionada a bajarle el perfil a las vulnerabilidades de mi pareja y centrarme obsesivamente en sus fortalezas, dejando sin resolver problemas que son importantes.

En fin, no recuerdo el primer evento que grabó este registro en mí, no puedo negar que salta un reflejo en mi para desviar la atención de las debilidades, como pasar rápido la página cuando está siendo protagonista algún lado frágil de mi pareja. Me esfuerzo en tomar consciencia de esta información y cuando ocurre, no interferir en el momento y verlo como un ser humano completo, tomando consciencia de que calificar como vulnerabilidad es un juicio que a mí no me compete emitir, solo puedo cambiar el punto de vista para notar que es él en su máxima expresión y aprender a buscar en mis recursos la fuente de protección y seguridad que me permitan estar tranquila y en confianza.

Osteopatía

En la revista mujer, del diario La Tercera, leí un artículo de la osteopatía donde la explicaba así: "Simplemente porque todos los golpes que recibe el ser humano afectan alguna parte del cuerpo y pueden derivar, en el largo plazo, en una enfermedad. La osteopatía es una ciencia que busca sanar estructuras dañadas del cuerpo, muchas de las cuales han sido afectadas por golpes físicos o emocionales, es una terapia manual que no solo contribuye a mejorar la calidad de vida de las personas, sino que también es considerada como una herramienta muy efectiva a la hora de prevenir disfunciones en los niños"

A partir de maniobras manuales, el osteópata es capaz de percibir si son correctos los movimientos de cada estructura del cuerpo, ya sean huesos, vísceras o nervios. Lo habitual es que un mal movimiento interno pueda haber sido ocasionado por un golpe o incluso por problemas en el momento del parto.

Cada golpe que recibe un niño, incluyendo aquellos que sienten cuando están en la guata de la mamá, lo absorbe con una parte del cuerpo. Estamos hablando de golpes físicos y también emocionales. El órgano que recibe el golpe se contrae y se bloquea; no hay que olvidar que la vida es movimiento, entonces, si alguna parte del cuerpo deja de moverse, de inmediato comienza a funcionar mal, en el parto natural el niño pasa por una etapa de sufrimiento; sus huesitos son muy maleables y ocurre una serie de cambios en su cuerpo que, posteriormente, pueden generar algún tipo de disfunción.

La osteopatía no es milagrosa ni tiene respuestas para todo, pero sí sabe explicar el porqué de algunas disfunciones.

Convencidísima del enfoque de la Osteopatía y aquejada de un dolor que siento en la cola por algunos días, desaparece y luego vuelve, desde hace bastante tiempo sin invalidarme, por eso no lo había atendido, acudí al osteópata.

Me enamoré de la mirada de esta ciencia, la integración de todos los sistemas del ser humano, la paciencia y atención que le da al cuerpo físico como un conjunto de sistemas interconectados. Está muy lejos de un sentido espiritual, energético, psicológico; sin embargo es la terapia más armoniosa y amorosa que yo he experimentado hasta ahora. Relaciona todos los sistemas y a la vez aísla variables para analizar el síntoma. En esta terapia aprendí que haber nacido con fórceps, registró en mi memoria el dolor como la primera experiencia de vida y desde esta perspectiva no es raro que me duela recurrentemente la cabeza y la poca tolerancia al dolor que me caracteriza.

En ese primer chequeo se pesquisó que mi cuerpo se movía completamente en un bloque, lo natural es que sean tres segmentos (cráneo, columna, coxis) que tengan un ritmo sincrónico y sintonicen equilibradamente en cada movimiento del cuerpo. Se destrabó el bloqueo y naturalmente buscaron su ritmo. Con este hallazgo se vinieron a mí, relaciones con el ego, yo me sentía muy criticada y entrampada en el ego, de alguna forma cuando el osteópata mencionó rigidez vi que ese puede ser un reflejo externo del ego y cuando él trabajó desbloqueándolo y re-movilizarlo para que encuentren su ritmo, vi una esperanza de ayuda en quebrarle el saque a mi ego y poder partir de una nueva configuración, aun cuando volviera a establecerse, al menos tenía una ayuda para resetearlo.

Empezamos a observar que cuando ovula mi ovario izquierdo me duele la cola y no es casualidad que años atrás yo haya sido operada de un quiste en el ovario izquierdo y que la fascia del sector abdominal izquierdo este más rígida. La fascia es una malla dentro de las capas de la piel. Las capas funcionan muy parecido a un género donde al hacer un nudo en una parte del género, el nudo recoge otras partes del género que no necesariamente están en el nudo, esa tensión puede generar un síntoma que si se atiende aisladamente del resto del sistema, puede hacer tensión sobre otra parte del género que también se podría, erróneamente, tratar como un síntoma aislado. La cicatriz interna de la cirugía que me hicieron provoca una tensión que recoge y contrae rígidamente mi ovario izquierdo cuando por naturaleza de ciclo tiene alguna actividad que la hincha o moviliza un poquito.

Además se observó que tengo el coxis desplazado hacia afuera (atrás) y muy probablemente eso haga cierta presión, en que todos mis órganos internos del vientre se encuentren levemente cargados hacia atrás haciendo presiones en cadena como un efecto domino. Esto sugiere que cuando tengo dolores de ovarios o de estómagos muy fuertes, se aplasta un reflejo que conduce a las rodillas, adormeciéndolas. También sugiere que yo tenga dificultades para fecundar y si esto llega a ocurrir exista un espacio no acogedor para el huevito fecundado y halla una expulsión involuntaria con semejanza a una regla atrasada (esto es gran temazo para mí, yo creo que esto me ha ocurrido un par de veces, solo que para la medicina tradicional esto no es comprobable ni relevante).

Siguiendo con el tema que ha tenido más desarrollo, el dolor de cola era más intenso con la ovulación del ovario izquierdo, no obstante es más sutil cuando llega mi menstruación.

Le conté al osteópata que recientemente descubrimos con la neuróloga que mis dolores de cabeza, que se encuentran en tratamiento neurológico, son cuando la producción de estrógeno baja fuertemente (ovulación) y la producción de progesterona (menstruación) baja fuertemente... o sea un día de ovulación y tres días de menstruación estoy con dolor de cabeza que gracias al tratamiento están más suaves y llevaderos. Lo anterior le significó una información muy relevante para tratar asertivamente el dolor de cabeza, ocurre que la fuerte baja de producción de esas hormonas mi cuerpo las interpreta como una amenaza y automáticamente se privilegia la irrigación de sangre a la cabeza (es el favoritismo incuestionable que nuestro organismo hace) y la sobre irrigación hace que mis vasos capilares se sobrecarguen y se siente como dolor de cabeza, Ahhhh… dije humildemente yo: Lo que la neuróloga hace con el medicamento diario (flunarizina de 5 mg) es interrumpir la neurotransmisión del dolor y con una pastilla en la ovulación y una pastilla diaria tres días antes de la menstruación aplica un analgésico/antinflamatorio (naratriptan) para evitar el gatillo del dolor; todo esto el osteópata lo denomina como una solución funcional al problema, no obstante él comenzará a dar apoyo con una solución "estructural".

Dicho en detalle; la hipófisis intercambia información con la pituitaria y envían a las gónadas la instrucción de generar la ovulación o generar la menstruación, la hipótesis del osteópata es que dado el comportamiento descrito y descubierto con la neuróloga entre la pituitaria y las gónadas hay un bloqueo, por tanto el tratamiento de osteopatía es modificar la estructura, eliminando ese bloqueo y con eso el funcionamiento fluye con naturalidad y armonía. Así que a recostarme en la camilla y mucho trabajo en la cervical (cuello, cráneo, hombros, oídos, etc.) y con control en cada ovulación y menstruación para apoyar el tratamiento con el desbloqueo.

Tiene mucha docencia el espíritu de la ciencia de la osteopatía, parte de la base que el cuerpo, en especial las partes blandas, tienen memoria y la osteopatía corrige posturas, bloqueos, rigideces y sabe que recuperará parte de la tendencia anterior y volverá a corregirla a la espera de que el cuerpo aprenda y reconozca la nueva estructura.

Concurrí a 4 sesiones de esta terapia y aprendí mucho, sobre como observar y relacionar el cuerpo y ser humano de un modo complementario.

Autodescubrimiento 10

"...La renuncia, aun es proceso incompleto, siento que no he hecho ni el funeral ni el luto."

Cuando me enfoqué en mi pareja, me di cuenta de la tremenda embarra' que hay. El terapeuta de parejas a mi parecer solo levantó los conflictos y hoy nuestra cotidianeidad está muy deteriorada y merma mis fuerzas.

Recogiendo todas las experiencias y graficando mi actual sensación, era como si me encontrara en medio de una noche obscura y rodeada de una neblina muy espesa y densa, que no me permite ver, respirar ni desplazarme.

Con un trabajo de PNL, una parte de mí habitó en un águila (que todo lo ve) y sobrevoló esta neblina que se encontraba muy compacta y localizada, logré distinguir precisamente eso, que en ese corcho de neblina estaba yo y que esa neblina estaba solo ahí, como que si yo pudiera sortear la neblina si a ras de suelo avanzara, a muy poco andar encontraría aire fresco, visión clara y libre movilidad.

La terapeuta me preguntó si con esta visión del águila yo podía rescatar algo positivo de todo ese tiempo/experiencia (4 años) y yo respondí que no (con un nudo en la garganta). A continuación me pregunto si podría haber sido peor, y me posicioné en varias hipótesis tales como haber tenido un embarazo y perderlo o haber tenido un hijo y que se muriera y respondí "no podría haber sido peor" y brote en llanto... siento que he sufrido mucho.

La terapeuta me invitó a mirarme con los ojos que un maestro ascendido, desde el Cosmos, me ve. Y me vi lúdica, traviesa, de corazón bondadoso y desde allá se ve que me está pasando lo que me tiene que pasar y de algún prisma todo está en perfecto orden.

La invitación de la terapeuta es a quedarme con eso, me ofreció un abrazo, el cual gustosa tomé y terminamos la sesión, con la nueva revelación en mi de que la intención positiva de la decisión de renunciar a la maternidad fue "estar tranquila", es una intención positiva muy importante y que también se puede conseguir por otras vías.

Autodescubrimiento 11

"Mi pareja es diferente a la imagen de padre que yo deseo para nuestros hijos"

Visitamos varias veces como pareja a un monje tibetano, para buscar apoyo en nuestra relación de pareja, esta vez desde una perspectiva psico-energética, fue así como llegamos donde el monje tibetano, quien luego de examinarnos vio que las conexiones que existen están en términos generales bastante buenas, salvo 2 detalles pero son bastante mínimos a su juicio.

No hemos podido ser padres aun porque tenemos conflictos cotidianos no resueltos; (1) Mi pareja es diferente a la imagen de padre que yo deseo para nuestros hijos. (2) Mi pareja no siente confianza ni aceptación de parte mía. Él sostiene continuamente en riesgo la continuidad de la pareja.

El monje miró la energía de mi pareja y dijo: Bueno, lo que aparece ahí es que tu ideal de padre no calza muy bien con poner normas o limites, entonces es muy importante que a la parte tuya que quiere ser un padre amoroso todo el tiempo y solo amoroso, decirle que si eres solo amoroso lo vas a malcriar en el largo plazo, que es necesario que pongas algunos límites para que ellos mismos no se hagan daño y tengan una base para que el día de mañana les funcione, para que ellos salgan a explorar el mundo pero dentro de ciertos límites y con ciertos autocuidados. Tu eres muy afectivo, muy sensible también y por tanto es fácil que te cargues hacia el lado de permisivo y donde ser buen papá significa ser amoroso, comprensivo, etc. Pero ser un buen padre también requiere saber cuándo poner un límite, solo los más importantes y no a cada rato. Y si lo haces solo de vez en cuando con respeto, conversando y explicando, que paso, porque está mal, por qué la norma, el efecto y que beneficio trae, los chicos lo van a entender, lo van a ir entendiendo y se van a ir acostumbrando a conversar de esto.

Para ser honesta, esa es una discusión muy recurrente que en algún tiempo yo tuvo con mi pareja, ya que él es padre de un matrimonio anterior; lo veo, escucho y sé cómo es y se comporta como padre. Entonces no cabía en mi esperanza ni ilusión de que él fuera un compañero de crianza como mi ideal pudiera diseñar, cualquier cosa que yo consiguiera meter en mi cabeza de que él iba a ser el compañero complemento en la educación de nuestros hijos era tapar el sol con un dedo... una irrealidad.

Mi miedo de quedar sola en los momentos difíciles de la crianza, de decir NO, de marcar límites, de inculcar disciplina y/o metodología...hábitos, estaría sola y me desgastaba no alternar o compartir esas tareas. Sentía que me quedaría el papel de bruja y a él de viejito pascuero permanente. Siendo que prefiero que ambos hagamos ambos roles según las circunstancias ameriten y así es un acuerdo de crianza en lugar de ser roles de las personas.

No puedo esperar que él entienda o cambie para liberar mi miedo, menos si el miedo está bloqueando la energía que permite mi embarazo. Solo me convencí de que en su relación más íntima con sus hijos, ellos lo califican como "el mejor papá del mundo" (al menos guarda un tazón con esa leyenda que recibió como regalo de parte de ellos alguna vez) y si creo que los únicos que pueden evaluarlo como padre son sus hijos; yo podré evaluarlo como compañero de crianza, pero eso ya vendrá cuando nos toque juntos, mal que mal las circunstancias serán diferentes a las de la crianza de sus primeros hijos.

Autodescubrimiento 12

"Conflicto interno de atracción hacia la maternidad."

Seguido de un encuentro sexual yo entro en un círculo vicioso donde me ilusiono de conseguir embarazo, me pongo ansiosa, como compulsivamente y luego cuando llega la menstruación me desilusiono, en resumen: ilusión → ansiedad → desilusión. Además, en 2 ocasiones anteriores y ahora, entro en un paranoia que empiezo a sentir una fuerza centrípeta en el vientre que va ganando lugar y peso, y otros síntomas físicos en las mamas (fiebre y picazón), el monje explicó que el ciclo se da porque tengo un conflicto interno de atracción hacia la maternidad que es muy importante para mí, para mi realización como persona y como mujer, que ir en contra de eso es ganarme problemas hormonales o problemas en mi útero por reprimir mi necesidad y deseo de ser madre o trastornos hormonales que afecten mis huesos o cosas así. Si eso es tan fuerte, eso es lo que quiero. Después de eso la angustia aparece, porque seguramente, está este tema de que es rico llevarlo en la guatita, el parto y verlo sanito, cuidarlo hasta que tenga como 2 años después le toca intervenir al padre y ahí me angustio por que no se si lo va a hacer bien y si va a ser capaz o va a hacer lo que siempre a mí me ha asustado o me ha parecido poco apropiado, entonces tengo ese conflicto.

La desilusión tiene que ver con que mi pareja no pueda cumplir el rol…., el cerebro de la mujer cuando piensa en un hijo se les abre un espacio de 25 años automáticamente. Entonces un futuro indeseable aparece cada vez que pienso en ser mamá, entonces ese aspecto maravilloso se contamina, se contamina por la angustia producto de un futuro que veo como incierto y problemático ahora, que necesitaría ir viendo que mi pareja va cambiando algunas cosas.

Nos sugiere que abramos nuestras mentes y miremos todo esto como una especie de juego de descubrimiento, a ver que acuerdos podemos descubrir que nos den felicidad, que nos den seguridad, tranquilidad y armonía que sean distintos a los que esperábamos habitualmente; lo cual es un desafío naturalmente, hacerlo desde la emoción del cariño y desde la ternura, no desde el temor no desde la frustración porque ahí uno no es flexible.

La ternura y el amor puede llevar a que la mayor parte de la relación sea juego y alegría, no una exigencia. La exigencia produce tensión, conflicto y la sensación de que uno está solo, el otro no me entiende.

Y también es importante que decidamos qué áreas son el fuerte de cada uno, y las áreas pueden variar un poco, porque lo que interesa es cuidar la relación.

Así fue como decidimos dar re-inicio a la búsqueda del embarazo, orientados e inspirados por el monje, donde tomamos consciencia de las implicancias de abandonar irrevocablemente la campaña de bebé y visualizamos un futuro que se podía mejorar, se podía reconstruir la compenetración de la relación de pareja.

Autodescubrimiento 13

"Mi pareja no siente confianza ni aceptación de parte mía. Él sostiene continuamente en riesgo la continuidad de la pareja."

Ese sentido de inseguridad y desprotección, tiene mucho que ver con una marca en la base del desarrollo de la primera infancia, antes de los 5 años de edad. Alguna experiencia muy desapercibida a ojos de la mayoría para una guagua o un niño pequeño puede significar desprotección o amenaza.

Yo no sé cuál fue el origen de esta emoción, pero no tiene que necesariamente ser algo grave, perfectamente puede ser que en un juego mal entendido uno de los padres cuando bebé le dijo "niño malo, feo, no te quiero" y reforzara con salir del radio visual de la guagua y listo! Si bien la guagua podrá no entender el lenguaje verbal, es un experto en leer energías, expresiones faciales, tonos de voz y desplazamientos físicos; ahora si por algún motivo la guagua se encontraba vulnerable, por un mal dormir, mayores necesidades de brazos y afecto o lo que fuere; su sensibilidad a este juego del adulto, el bebé en su reducido mundo de dependencia absoluta de su madre para acariciarlo y de su padre para protegerlo, con cualquiera de ellos que haya protagonizado este evento, graba en el registro del bebé una experiencia que le acompleja en sus canales de recepción de estas energías básicas de amor y protección.

Eso es suficiente para que el bebé cuando niño, joven y adulto deje de ser abierto y acogedor con los afectos incondicionales y por el contrario siempre este buscándole la quinta pata al gato y cualquier disonancia la interprete como una afecto frágil y condicionado a lo que él pueda entregar, peor aún si en la niñez alguno de sus padres solía decir "nada es gratis en la vida"; o sea... granito a granito todo se va sumando y cosas que para unos pasan desapercibidas, este bebé ya crecido tiene especial atención y retención de estímulos que refuerzan lo que en su primera experiencia vivió.

Este es un trabajo que le compete a mi pareja, no obstante lo pongo en este libro por que como he dicho antes toda emoción bloquea el libre flujo de la energía y si estamos hablando de reproducción en pareja, todo cuanto se refiera a la relación de pareja es crucial.

También sé que este mismo tema había salido antes con otra terapia y otro especialista, pero sigue saliendo por algo; es fundamental tomar consciencia y liberar ese bloqueo o al menos aprender a manejarlo para que no entorpezca el deseado embarazo.

Autodescubrimiento 14

"Es muy duro sentirse que uno es responsable de no quedarse embarazada y ser mamá."

Le pedí al monje que me examinara y viera dentro mío si hay un ovulo fecundado. Miró y respondió: Es posible, es posible al lado izquierdo y que sea una niña. Hay una carga muy grande en la energía del lado izquierdo y por tanto es un cambio esperable para un embarazo, es algo muy reciente, probablemente tiene una semana cuando mucho (4 días según yo). No puedo ver si está bien implantado o está preparándose para viajar por las trompas y salir en la próxima regla, no tengo claro es muy reciente. Pero si veo un embarazo con alta probabilidad, dijo él.

El domingo siguiente, hicimos un test de embarazo con resultado negativo. Eso había generado una desilusión y yo quería saber si hay algo en mí que hace que el huevo fecundado se pierda, lo cual fue tema en la sesión siguiente con el monje.

El monje me preguntó cómo me afectó emocionalmente esta situación y le explique qué mejor que todas las otras veces. Creo que esta vez cuando él vio esa energía en mí, me reafirmó lo que yo sentía y deje de sentirlo como una paranoia o algo que yo inventaba o manipulaba sentir. Entonces tuve la certeza de lo que yo estaba sintiendo era efectivo, me atreví a vivirlo y compre una agenda del embarazo y leía cosas de embarazo y empecé a tomar ácido fólico de nuevo y me dije: "ya, si lo tengo que vivir a concho, lo vivo a concho y después si tengo que llorar, lloro después". Pero no privarme de experimentar algo que no se si está ocurriendo o me lo estoy inventando por el temor a sufrir. Él encontró que lo que hice fue lo mejor, lo más sabio y lo más sano. Viví cada momento, en la ilusión me ilusione harto y después cuando dije ya no, entonces ya no y así después se va. Si después me bajaron emociones, donde me sentía rara y extraña, fue un par de horas, no como otras veces que eran varios días.

El monje explicó que no había un embrión ni feto, era solo un ovulo fecundado que no logró afirmarse y cayo. No había una persona ahi. Los libros dicen que sí, que al momento de que se juntan el ovulo con el espermio llega el espíritu; él jamás en su vida ha visto eso en 16 años de mirar mujeres embarazadas, incluso ha visto gente que el espíritu entra justo cuando la guagua va bajando por el canal a nacer. Y otros no, se meten cuando hay cerebro, si no, no pueden entrar porque resulta que el espíritu que está ahí aguardando, es conciencia, es energía que es conciencia y el nivel de conciencia del ovulo y del espermio es muy bajo, son 2 células no más, entonces hay que esperar que se forme el embrión y que aparezca un rudimento de sistema nervioso central, cuando aparece eso, de ahí en adelante, en cualquier momento puede entrar, cuando el espíritu lo decida.

Le preguntó a mi pareja, que le había pasado con esta perdida. A lo que contestó que él había interpretado de manera distinta lo que él dijo la vez anterior, él entendió que había una energía efectivamente, había un ovulo, pero que había un ovulo con potencialidad de juntarse con un espermio, no lo entendía como un ovulo fecundado. Entonces de ahí en adelante, él creía lo que yo sentía, solo que no se quería ilusionar hasta que no fuera confirmado.

Efectivamente lo primero que se veía era un ovulo preparado para ser fecundado, luego de ciertos cambios en la energía desde el ovario hacia abajo, indicaban que iba derecho al embarazo, que son cambios que no se dan cuando es una simple regla y por lo tanto se puede decir estas embarazada o vas a estar embarazada mañana, mucho mas no se demora, un día máximo dos días, y estaba dado. Hoy por ejemplo no tiene nada que ver lo que se ve, no están esos caminos de energía, el ovario está apagado, porque no hay ningún ovulo madurando. Ahora una cosa que vio y no la dijo, es que el ovulo mismo parecía poco maduro, quizás no pudo fijarse en las paredes de mi útero, por eso.

Miró en mi vientre y dijo que hay potencial para 5 hijos o sea, significa que si yo buscara embarazarme todas las veces posibles tendrías 5 embarazos que podrían terminar en 5 hijos nacidos si todo va bien, eso es lo que está marcado, es como si fuera una especie de destino biológico, ahora las razones que hacen que la biología muestre eso no son razones biológicas, son razones de karma, de vidas anteriores, son razones de compromisos que yo he hecho con otras personas de encarnar juntos, en equipo, en familia. Son incluso psicológicas; tiene que ver por ejemplo si en esta vida simplemente elijo una familia numerosa y yo simplemente soy de familia numerosa, con 2 hijos viviría deprimida, necesito 5 y eso es así no más; son distintos niveles de realidad, no hay una sola realidad, lo importante es cual nivel está más fuerte en mí, que si lo hago verdad, realidad y lo vivo me va a traer felicidad, eso es lo que importa.

Yo tengo 5 posibilidades de embarazo más, 2 niñas y 3 niños, el lado izquierdo tiene 2 niñitas marcadas y el lado derecho 3 niñitos, eso indica que tengo 5 oportunidades de volver a embarazarme. Las memorias mismas no indican problemas médicos, se ve todo bien.

Al revisar porque el ovulo se ve inmaduro, lo cual no está bien, observa mi vientre y dice; el aura está apagado y eso indica un ovulo inmaduro; por tanto ese ovulo va a seguir el proceso dentro de la trompa de Falopio y dentro del ovario, pero cuando salga va a ser inmaduro y esa inmadurez se va a expresar en el peor de los casos en que no se fecunde y en el mejor de los casos que se fecunde, que esté unos días o unas pocas semanas anidado y luego se caiga por su inmadurez.

Revisa y diagnostica mi mundo interno y me pregunta si me pasa que cuando pienso en embarazo: ¿surge una vocecita que me habla de todo lo que puede salir mal? A lo que respondí afirmativamente. Hay una voz dentro, es como si mi ovulo y mi ovario dijeran precisamente todo eso, todo lo que puede salir mal y eso se traduce en carencia de energía que impide que el ovulo madure, elija romperse. El cuerpo y el inconsciente dicen para que voy a dejar energía si la cuestión va a salir mal, economicemos energía y expulsa el huevito fecundado.

La inseguridad es que las cosas no salgan bien y resulten mal, el pánico es otra cosa, es que yo sea la culpable, entonces tenemos (1) inseguridad y (2) miedo, ambas juntas. El tercer elemento que se ve es que yo sea enjuiciada negativamente por la familia y digan que no he hecho lo suficiente, que no me he cuidado bien, es el más débil de los 3 pero está presente; Familiares que hablan mal de mí como que no me he cuidado, no lo he hecho bien, no le he dado un hijo a mi pareja. En el machismo la mujer le da un hijo a su hombre, no es una creación conjunta, sino que es la obligación de la mujer darle un hijo, entonces, desde esa mirada machista el monje ve y escucha parientes evaluándome y juzgándome negativamente, como que no estoy cumpliendo con mi rol de mujer. Es el menos importante de los tres factores pero está, por lo que él ve.

Lo siguiente que aparece es el sufrimiento de ver sufrir a mi pareja por no tener un hijo, una cierta culpa que eso me produce también, la pena de perderlo por eso y yo no quiero que pase eso. Y el shock más grande es ver que algún día él tenga hijos con otra mujer... Ufff nunca me he puesto en ese caso, pero me vine a hacer consciente de su necesidad ahora último.

El monje dice que es muy bueno lo que digo, es muy bonito que haya podido tomar consciencia y tener empatía con el deseo de ser padre de mi pareja y que eso para él tiene una importancia fundamental para ser feliz, tal como para mi mis cosas son fundamentales para ser feliz, aunque sean distintas.

Todo lo anterior crea un clima emocional negativo que no ayuda a que me embarace. Los contenidos verbales, si son traducidos, deberían ayudar a que me embarazara; o sea; quiero hacer feliz a mi pareja, quiero conservar a mi pareja, quiero que la familia este feliz con un nieto, son todos contenidos que verbalmente se pueden decir positivamente, el problema está que desde la emoción, desde donde son planteados es una emoción negativa, por lo tanto el problema es la emoción.

Todos los mensajes internos, son muy importante, unos más validos que otros; alguno son excesivamente exigentes conmigo misma y me ponen mochilas que no son mías, que son compartidas, pero más allá de eso, el estado emocional de donde surgen todas estas dudas, criticas o desesperanzas o desilusiones o mandatos, es negativo. Las emociones negativas primero encogen el aura, de tener 80 centímetros normalmente, se encogen alrededor del cuerpo a 15 ó 20 centímetros; luego en el lugar del cuerpo donde está el conflicto situado, desde el punto de vista psicológico, se retira la energía y ese lugar puede empezar a hacer síntoma, entonces perder esta guagua, este posible embarazo fue un síntoma de este choque entre los deseos y las emociones negativas. Entonces el ovulo no tiene tiempo para madurar porque no tiene suficiente energía que lo haga madurar y cae a destiempo para ser fecundado, puede que se fecunde, puede que no, pero se pierde igual.

Me hizo un ejercicio donde establecimos películas o recursos que me inspiran: (1) gozo de vivir, alegría; (2) esperanza; (3) sabiduría y perseverancia; (4) plenitud.

Básicamente en una imaginería vimos las películas mentalmente y activamos los recursos que me dan gozo, alegría, esperanza, sabiduría, perseverancia y plenitud, al mismo tiempo... mezclando, que todo ocurriera y me llenara de esos sentimientos.

Chequeó mis ovarios y mi útero, se ven iluminados con al menos 2 centímetros de luz a su alrededor y eso va a ir bajando por las piernas hasta llegar al meridiano E y reforzará el estómago y el páncreas.

Autodescubrimiento 15

"Ser Mujer."

Me costó mucho entenderlo y aún más me costó asimilarlo; ser mujer, llevar la energía femenina en nosotras, tener útero es irrenunciablemente estar conectadas literalmente a la sangre y energía de todas las mujeres antecesoras. Aunque queramos independizarnos de la influencia de la luna, el sol, las mujeres que nos rodean; solo estamos negando una conexión que existe a pesar nuestro. En el universo entero estamos todos conectados, somos todos uno, parte de una sola unidad, en diferentes estados, pero conectados y potenciándonos cuando sabemos hacer sinergia. Las mujeres somos la prueba fehaciente de esta conexión y conectamos a todo cuanto nos rodea, somos el medio que conecta.

En estos tiempos estamos inmersos en un mundo patriarcal gobernado por el yang donde la producción, el dinero, el poder tienen la valoración más alta y se alcanza a través de un rendimiento fijo, conocido y competente. Por tanto todos aquellos que quieran tener un lugar valioso en la sociedad deben ser productivos, competentes y con dinero.

Las mujeres hemos quedado por naturaleza marginadas de esa cadena del sistema y quienes han querido entrar en el y/o han sido motivadas por sus padres para ser "alguien en la vida y tener opciones" hemos tenido que transgredir nuestro ciclos naturales y hacer oídos sordos a las pausas que nuestro cuerpo femenino necesita para hacer sus procesos biológicos propios.

Yo trato constantemente de entrar en la sociedad y el mercado, desarrollando habilidades técnicas y resistencia física para estar a la altura de las circunstancias. Encontrando la forma de que nadie note cuando estoy con mi periodo porque me muestro tan ágil y vital como cualquier otro día. Encontrando la manera de en época de piscina y playa, bañarme aun cuando estoy con mi flujo. Aprendiendo a poner argumentos irrefutables a cada reacción hormonal para no ser desacreditada.

A porrazos, con fibroadenomas en las mamas y un quiste en el ovario izquierdo entendí que estaba transgrediendo los ciclos y tiempos femeninos. Me tuve que replantear como mujer, me vi a mi misma que toda mi conducta, mis elecciones de vida atentaban contra mi salud y mi equilibrio natural.

Afloraban en mi resistencias, después de todo hay mujeres exitosas en los altos mandos de las empresas que son alucinantemente radiantes. Disney comenzó hace un tiempo a hacer de las princesas, heroínas con protagonismo donde les atribuye características de fortaleza física, resistencia energética y liderazgo grupal. Hollywood ha desarrollado películas donde las protagonista de la acción y salvadora del mundo son personajes femeninos policías, guerreras, detectives, científicas, etc.; donde pasan desapercibidos sus ciclos de energía oscilantes y que no están con vitalidad algunos días. En varios países, incluso Chile la mujer ha llegado a la presidencia, estoy muy feliz de que la mujer tome más espacios, solo que lo hacen trasgrediendo sus fluctuaciones de energía donde necesita retirarse y cobijarse, no estando siempre competente. No se hace visible que esas mujeres cada 28 días sale de las pistas por algunos días para enfocar su energía u sus procesos biológicos naturales internos y luego se reincorpora a la carrera, de hecho en nuestras actividades laborales se constata que eso es mal visto, es un secreto a voces que ella no es ascendida o considerada para los proyectos más desafiantes.

Me costó mucho asimilar que ser mujer implica una conducta donde privilegia habilidades blandas de contención, tolerancia, paciencia, ternura, empatía, sensibilidad, flexibilidad, fragilidad, vulnerabilidad... esas son virtudes que se ven heridas en el sistema y el mercado.

Comencé a conectar con mis ciclos llevando un registro del flujo hormonal, tomando consciencia de mi energía, síntomas, malestares, pensamientos, sentimientos, emociones. Empecé a constatar que por mucho que yo quisiera ser objetiva en mis reacciones y opiniones estas estaban teñidas por mis niveles hormonales, mi reacción y/u opinión no era igual un dia 3 de mi ciclo que un dia 16 de mi ciclo por ejemplo. No puedo negar que me resistía a estar influenciada por algo que no estaba bajo mi control y pasé por una etapa en que quise tomar control de mis emociones y síntomas; pero es una fuerza natural potente, tanto como un terremoto, un tornado o un tsunami. No puedo contra esa fuerza, solo me quedaba sumarme a ella, conocer mi curva energética y como me afecta cada etapa hormonal era una ganancia para administrar mis actividades en función de la vitalidad y claridad que dispongo cada día. Por lo demás en cada ciclo por muy desenergizada o aquejada que me llegue a sentir, siempre vuelve a mí la vitalidad sin necesidad de retenerla o buscarla, vuelve a habitar mi cuerpo y me siento radiante y enérgica para salir al mundo.

Otro cambio que a este respecto hice fue tomar contacto literal con mi flujo cuando desciende, me refiero a cambiar los tampones y las toallas higiénicas por copita menstrual. No quiero hacer promoción particular de ningún método, solo que a mi este cambio me ayudó a conectar con mi esencia, conocerme desde otro aspecto que solía estar marginado a lo tabú. Desde esta otra elección levante el contacto conmigo misma y pude aceptarme mejor como mujer. Desde esta conexión conmigo misma es imposible hacer ojos ciegos y oídos sordos a mi cuerpo en sus fluctuaciones hormonales que se traducen en fluctuaciones energéticas.

Autodescubrimiento 16

"La vida laboral versus embarazo."

Luego de 5 años de buscar el embarazo infructuosamente, con altos y bajos, muchas aperturas de consciencia y liberaciones de varias energías estancadas. Estuve sin terapias un tiempo para dejar decantar todo lo que ha estado pasándome y pasándonos (en pareja) todo este tiempo. No aguanté mucho porque me inquieta estar esperando que el embarazo llegue y no estar yo aproximándome a él y así fue como a través de una lectura descubrí la recomendación al libro "Mente Sana Embarazo Seguro, de Niravi Payne" el cual se transformó en mi terapeuta en la privacidad de mi espacio personal. Recomiendo profundamente este libro a todas aquellas mujeres que están leyendo en este momento ya que el tema nos convoca directamente.

Este libro me llevo a muchas reflexiones, una de ellas es como me afecta mi vida laboral y la verdad es que en el cuestionario que me proponía yo no salía nada mal, de hecho: No me sentía tensionada en el trabajo, salvo aisladas excepciones bien puntuales. Si me sentía menos receptiva del ideal para concebir, más que todo permeada por la tensión del entorno social, cultural, familiar y ancestral, no así tanto de origen interno mío, sino del ambiente. Deseaba reconectarme con mi intuición y ternura en este camino al embarazo. En mi jornada laboral pocas veces tenía estímulos que me generen emociones o sentimientos, sentía que estos son más frecuentes en mi vida familiar ya que ahí si me siento provocada y me importa mucho cuidar la relación, así que me esfuerzo. En mi casa modulaba mis reacciones, me siento más tensa y en mi trabajo más relajada.

Los aspectos de mi misma que considero más femeninos, son la coquetería, lo conciliadora, el gusto por la cocina, los colores, la lealtad y fidelidad, la generosidad y bondad, mi perseverancia. Mis aspectos masculinos son la disciplina, la estructura, la metodología, la firmeza y provocadora.

Bueno yo a vista de este análisis y reflexión de mi actividad laboral, no consideraba que fuera obstáculo, especialmente que con los años de búsqueda de embarazo había aprendido a separar las energías más nocivas para mi propósito. Consideraba que me habitaba bastante equilibrio a este respecto. Incluso otro factor que se relaciona mucho con la actividad laboral es que yo en el camino había empezado a sentir miedos en relación a la capacidad económica, por ancestros tengo enquistado el gen de la escases y me aterraba traer un hijo al mundo y no tener dinero suficiente para alimentación especial (por ejemplo si fuera el caso) o para ropas especialmente diseñadas para el frío o la educación que es cara en nuestro país, y que decir el pánico que me da no poder pagar por su salud.

Aprendí que nunca me ha faltado nada, todos mis miedos son experiencias ajenas, asimilé que llevo una vida con consciencia y que la salud no depende del dinero, se puede mantener con pensamientos nutritivos, emociones sanas, experiencias felices, flujo energético expedito y en ocasiones muy extremas se requiere acudir al sistema de salud privado... además en lo personal mi pareja y yo sabemos terapias de sanación energéticas variadas y nos movemos en un entorno afín y nuestras conexiones espirituales nos ayudan en este camino del bienestar y salud. Así que a ponerle paños fríos a esos miedos de escases y mantenerlos arrinconados en un corral que no impidan el embarazo.

Más tarde fui desvinculada de mi trabajo y me lo tomé con mucha espiritualidad y una ayuda que el Cosmos me estaba dando, elegí verlo como que debía cambiar de rubro y más vale temprano que tarde, así que después de una larga conversación en pareja, donde por 2 meses evaluamos si efectivamente podíamos vivir de un solo sueldo; elegimos que yo no buscaría trabajo para dar espacio a que mis células se desestresaran de los ritmos externos y empezar a dormir hasta que se me pasa el sueño y me siento descansada (no hasta una hora que me permita cumplir el horario del trabajo), comer cuando me da hambre y no solo en la franja horaria que el trabajo me permite, comer comida cocinada en el día, acoger los flujos de actividad y reposo que los ciclos humanos naturalmente tienen y no esforzarme en estar siempre activa rindiendo parejo todos los días igual, porque somos seres de ciclos y ritmos cambiantes, oscilantes.

Elegimos dar espacio a que mi cuerpo de desintoxicara y fluyera según su propia naturaleza. Sin duda eso significa renuncias económicas, claramente mi estándar de vida cambió y fue parte de la elección que tomamos y tranzamos aquello que estábamos dispuestos a ceder por dar espacio a mi salud y nuestro embarazo. Parte importante de la renuncia fue por ejemplo que nos quedamos con un solo auto, el mío lo vendimos. Dejamos de hacer viajes turísticos los fines de semana largos y en el verano; elegimos invertir en una casa en un lago cercano y descansar ahí cuando necesitamos salir de la cuidad. Ya no salimos a comer fuera de casa salvo excepciones muy puntuales, en fin vivir de un sueldo cuando estas acostumbrada a vivir de dos sueldos tiene un costo, pero nada que nos desangre ni nos ahogue, si hay que adaptarse, es un cambio, que bien vale la pena por la calidad de vida interior.

Autodescubrimiento 17

"La sexualidad me angustia."

Lo cierto es que esta revelación la arrojo el test de Rorschach que me hizo el sicólogo, no obstante su análisis resulto bastante duro para mí, sentí que él sólo levanta juicios sin resolver nada y su manera de hacer consciencia en mi es muy agresiva, así que no trabajamos ningún tema. No obstante más adelante en el tiempo, en la comodidad de la lectura de este libro que les cuento, pude darle unas vueltas a este tema.

El libro plantea un cuestionario de evaluación para con el cuerpo y la sexualidad, donde debes marcar si la afirmación resuena en ti, desde donde la percibes: desde tu mamá o de tu papá o de ambos, es válido este cuestionario para ser respondido por hombres o mujeres, es así:

Sentimientos, convicciones y comportamientos.

(Mamá/Papá) No permites que se manifieste tu femineidad.

(Mamá/Papá) Temes que tu cuerpo no sea bastante atractivo.

(Mamá/Papá) Detestas ser mujer.

(Mamá/Papá) Actúas en forma infantil para eludir la sexualidad.

(Mamá/Papá) Sientes que no eres una mujer en todo el sentido de la palabra.

(Mamá/Papá) Crees que tener relaciones sexuales significa que se están aprovechando de ti.

(Mamá/Papá) Sientes celos del sexo opuesto.

(Mamá/Papá) Sientes celos del mismo sexo.

(Mamá/Papá) Sientes la relación sexual como una obligación hacia tu pareja.

(Mamá/Papá) Te haces deliberadamente poco querible.

(Mamá/Papá) Le temes al sexo opuesto.

(Mamá/Papá) Sexualmente hiperagresiva.

(Mamá/Papá) Sentimientos de homosexualidad.

(Mamá/Papá) Desilusión con las mujeres.

(Mamá/Papá) Asumes el rol de mujer fatal.

(Mamá/Papá) Desilusión con los hombres.

(Mamá/Papá) Crees en los roles sexuales estereotipados.

(Mamá/Papá) Impotente.

(Mamá/Papá) Haces ostentación de tu cuerpo.

(Mamá/Papá) Eyaculación precoz.

(Mamá/Papá) Usas el sexo como recompensa.

(Mamá/Papá) Frígida.

(Mamá/Papá) Necesidad de seducir a todo el mundo.

(Mamá/Papá) Afeminado.

(Mamá/Papá) Sádico.

(Mamá/Papá) Te avergüenza hablar de temas sexuales.

(Mamá/Papá) Masoquista.

(Mamá/Papá) Te sientes sexualmente frustrada.

(Mamá/Papá) Ves todo desde el aspecto sexual.

(Mamá/Papá) Cuentas cuentos verdes

(Mamá/Papá) No disfrutas el sexo

(Mamá/Papá) Exhibicionista

(Mamá/Papá) Sexualmente cobarde

(Mamá/Papá) Reafirmas tu autoestima a través de conquistas sexuales.

(Mamá/Papá) Buscas el placer.

(Mamá/Papá) Aprendiste a ver la gente como asexuada.

(Mamá/Papá) El sexo es una lucha por supremacía.

(Mamá/Papá) No te permites sentir el impacto total del placer.

(Mamá/Papá) Usas el sexo para obtener amigos.

(Mamá/Papá) Le temes a tu cuerpo.

(Mamá/Papá) Usas el sexo para ejercer poder sobre la otra persona.

(Mamá/Papá) Cuerpo rígido.

(Mamá/Papá) Usas el sexo para evitar conflictos.

(Mamá/Papá) No te gusta besar ni acariciar.

(Mamá/Papá) Usas el sexo para ganar seguridad.

(Mamá/Papá) Estas demasiado cansada como para tener relaciones sexuales.

Amonestaciones

¿Alguna vez dijeron algo como lo siguiente?

(Mamá/Papá) No te masturbes.

(Mamá/Papá) Mis necesidades sexuales no son importantes.

(Mamá/Papá) No quedes embarazada.

(Mamá/Papá) La culpa es mía.

(Mamá/Papá) Una chica buena no hace esas cosas.

(Mamá/Papá) ¿Qué pensarían los vecinos?

(Mamá/Papá) Mamá/Papá lo sabe todo.

(Mamá/Papá) No tengas orgasmos.

(Mamá/Papá) No seas homosexual.

(Mamá/Papá) No hables de sexo.

(Mamá/Papá) Como mujer no debes ser mejor que tus padres.

(Mamá/Papá) No te sientas bien.

(Mamá/Papá)Muéstrate sexual pero no permitas que se te acerquen.

(Mamá/Papá) No tengas relaciones íntimas.

(Mamá/Papá) El sexo es algo sucio/frustrante/prohibido.

(Mamá/Papá) Cuidar de mi cuerpo no es importante.

(Mamá/Papá) El sexo no existe.

(Mamá/Papá) Mis genitales son algo sucio.

(Mamá/Papá) No tengas relaciones sexuales antes de casarte.

(Mamá/Papá) Debería avergonzarme de mi misma.

(Mamá/Papá) No seas sexual.

(Mamá/Papá) No tengas deseos.

(Mamá/Papá) No tengas hijos.

Al responder y releer las respuestas ¿Qué sentimientos se despiertan en ti?

Siento que todo aquello que dijeron o dieron a entender mis padres en mi infancia tiene un alto impacto en mi vida sentimental y sexual, siento que se relaciona con mi imagen de mi misma como mujer, empiezo a tomar consciencia del conflicto interno que habita mi cuerpo y cuanto le duele a mi cuerpo, sin tener la ayuda necesaria para procesarlo y dejar de pelear entre la mujer que debo ser y la que naturalmente hay dentro de mí, siento que debo explorar la mujer que está en mi esencia antes de la socialización, sin juicios, burlas, normas ni presiones.

Habían muchas afirmaciones que me interpretaban en algún grado y que eso me hacía a mi 'tocada' con el tema, siento que tengo trabajo con el tema, bueno el test de Rorschach lo había manifestado pero sin el nivel de consciencia y especificidad que esta evaluación me entrega. Todas son creencias limitantes que si están arraigadas en mi o en ti, podemos trabajar… solo son creencias que determinan nuestro actuar desde el inconsciente, ahora las conocemos y podemos cuestionarlas y modificarlas por otras creencias sanas.

Autodescubrimiento 18

"Epistograma"

Hacer un epistograma fue algo muy revelador para mí, es hacer un árbol genealógico con atributos de nombre, años de nacimiento y muerte, enfermedades relevantes, circunstancias críticas, estado civil, primeras, segundas o enésimas nupcias, hijos dentro o fuera del matrimonio, embarazos, perdidas, impedimentos, trazos significativos en la vida de cada uno. Idealmente de cuatro generaciones atrás hasta mí.

Yo pude conocer información solo hasta 3 generaciones atrás, lo anterior es desconocido, pero además de aprender sobre familia que nunca he conocido y abrir temas de conversación con mis padres y abuelos que nos conectaron de otra manera (a todos nos gusta que se interesen por nuestras vidas e historias, así que ellos gustosos recordaban tramos dulces y amargos de su familia) pude hacer reveladora la energía que se transfiere de generación en generación, ya que los traumas incuban miedos que pueden no conversarse, pero de padres a hijos se transmite la tensión bajo circunstancias en las que nos invade el miedo… subcutáneamente. Es decir nunca me enseñaron a tenerle miedo a los terremotos, pero me transmitieron el miedo a las pérdidas de personas. Con eso le di un valor a lo que yo llamo 'herencia energética' energía que se transmite de generación en generación, según la sensibilidad de cada uno. Con esto quiero decir que mis hermanos no heredaron la misma carga energética que yo porque cada uno es diferente y permeable a distintas fuerzas.

Así aprendí también la cantidad de embarazos y muertes de bebes recién nacidos que tubo mi abuela materna, los nacimientos con malformaciones que tuvieron nietos de mi abuela materna (energía que fluye bloqueada).

Dada la carga emocional que ahora conocí, no es de sorprender que yo tenga problemas para concebir…

No es propósito de este texto enseñarte a hacer un epistograma, yo te cuento las cosas que tuvieron impacto en mi camino de liberar mi energía que permitiera el embarazo, en el libro de Niravi Payne te lo enseña paso a paso, el libro está disponible para descargar gratuitamente en internet, también puedes googlear y buscar otras fuentes.

Lo que yo te quiero transmitir es que este ejercicio a mí me ayudó mucho.

Autodescubrimiento 19

"Reconocer la ambivalencia en querer convertirme en madre."

El tener tensión en el cuerpo por negar los pensamientos, sentimientos y emociones que boicotean un embarazo es muy nocivo. Lo más saludable es reconocer, verbalizar y manejar las fuerzas que confluyen en no desear la maternidad.

Sabemos de sobras de historias cercanas y no tan cercanas también de las dificultades y adversidades de la maternidad. No a toda la gente le salen todas las cosas bien, muchas narran historias catastróficas con costos invaluables, perdidas.

En ocasiones nos han sentenciado a que toda la familia ha tenido X suerte así que a nosotras nos ocurrirá eso mismo también.

A otras personas les salen las cosas bien, pero viven quejándose de los malestares del embarazo, del parto, de la crianza, del sueño, cansancio, etc...

Nosotras queremos ser diferentes; ser optimista y centrarnos en el deseo de la maternidad, pero lo real es que todas estas otras energías que nos circundan habitan en nosotras. Y mientras más les hagamos el quite u oídos sordos más tensión generamos en nuestro cuerpo físico. Lo más saludable es identificar todas las ideas, pensamientos, sentimientos y emociones que nos rondan en nuestra búsqueda del embarazo.

Te invito a hacer una lista honesta de porque SI quieres este embarazo y otra de porque NO quieres este embarazo.

Haz tus listas espontáneamente sin juicios ni autocriticas. Por ultimo no se la mostraras a nadie si no quieres, se honesta.

A continuación medita sobre ambas listas y reflexiona mucho sobre los porque SI y siente en tu cuerpo cuanta fuerza esas ideas ponen en ti.

Cuando medites sobre la lista de los porque NO, cuestiona cada obstáculo y anula esas creencias limitantes y prejuicios que te invaden del entorno.

En fin, aun cuando no sanes los obstáculos. Ponerlos en el lenguaje y conocerlos es un muy buen primer paso, en lo sucesivo puedes reconocer cuando ese sentimiento está activo en tu cuerpo y calmar tu cuerpo conversando con él acerca de que ese miedo no es real, no está ocurriendo en este momento, cuando realmente algún miedo esté ocurriendo en tu vida, tendrás los recursos para salir de esa situación.

Autodescubrimiento 20

"Acupuntura, a mi cuerpo le falta fuerza para llevar procesos orgánicos."

Ya llevaba 9 meses de descanso laboral y acumulaba 7 años desde que iniciamos la búsqueda del embarazo, ansiosa por el tic-tac del reloj biológico (a fines de este año calendario cumpliría 40 años) necesitaba ser ayudada por alguien, otra persona, que no fuera la lectura, ni mi interior... Tenía un dato guardado hace algún tiempo en mis registros, así que di rienda suelta al impulso y llegue donde una terapeuta matrona-acupunturista con experiencia y aciertos en fertilidad.

Desde esta mirada, a mi cuerpo le falta fuerza para llevar procesos orgánicos que son de alta demanda de energía, tales como (1) ovulación, para sacar el ovulo del ovario y transitar por la trompa, y (2) menstruación, eliminar de mi cuerpo todo el material desechado o inservible para mi organismo.

Nada de lo que ella me diagnosticó me sorprendió o podría haber desconocido, todas las consciencias levantadas en todos estos años se condecían a la perfección con lo que ella desde su prisma estaba observando. El apoyo que me brindó la acupuntura es tonificar mi útero con unas cajas de moxas, desbloquear la energía para que fluya con fuerza por todo el cuerpo especialmente en los primeros chakras en esos días de mayor demanda de energía; esas son las herramientas con las que esta medicina podía apoyarme.

Sesiones semanales para llevar al detalle cada fase de mi ciclo hormonal, con tanta frecuencia y expectativas hubieron momentos en los que me sentí depresiva y en eso la acupuntura fue muy asertiva en emprender acciones con las agujas, pero más importante aún es la intuición, certeza y sabiduría de la terapeuta que lee el cuerpo, interpreta las señales y aplica el tratamiento.

Como conté en el prólogo, en 2 ocasiones estuvimos con la fecundación ad-portas, solo que el huevito no se anido, a mi haber de experiencias tema repetido y conocido, solo que esta vez con testigo y otra ciencia en el liderazgo del tratamiento.

Autodescubrimiento 21

"Un patrón familiar es el que me impide soltar."

En una ocasión, en una catarsis emocional que a mí me dio y saliéndonos del libreto de la sesión de acupuntura, sostuvimos una larga conversación con la terapeuta y ella muy buena canalizadora, percibió en mí una fuerte resistencia a soltar; y dijo más aún: Es un patrón familiar el que me impide soltar!. Ahí tome consciencia de que mi posición dentro de la familia carga con una energía donde inconscientemente me pone en un rol (potenciado por cada integrante de la familia) de hacerme cargo del cuidado de los padres en la vejes. La cultura antigua y ni tan antigua también en las zonas rurales, el ultimo hijo, el conchito, el que tiene diferencia de edad con los demás se trae al mundo para que cuide a los padres en la vejez. En otras culturas, las hijas mujeres tienen el deber de cuidar a los padres.

La verdad es que por un lado nada de esto debería tener sentido para mi, aun siendo la menor (6 años menor que mi hermano que me sigue) y la única mujer de la familia porque en mí está arraigado que fui muy pedida por cada integrante de la familia porque querían una niñita. Eso me llena de autoestima, aunque sacándome la venda de los ojos, calza...

Además mis circunstancias geográficas y familiares son que yo he estado siempre viviendo en la misma ciudad de mis padres y mis hermanos desde que se independizaron económicamente han vivido en regiones, descansando en mí la responsabilidad de atender y vigilar el cuidado de nuestros padres. De algún modo por estar cerca estoy más al tanto del día a día de mis padres y soy la encargada de levantar la alerta en mis hermanos cuando algo se sale de la rutina.

No culpo a ninguno de los integrantes de mi familia por esta carga que llevo sobre mi cuerpo energético, más bien los blindo con el comodín de la inconsciencia, sé que no es intencional ni con alevosía. Creo que es muy a un nivel subconsciente.

Bueno muy acertadamente, la terapeuta de acupuntura me dio el desafío de soltar ese lazo infructuoso y quedarme solo con los vínculos virtuosos; con la tarea de no visitar a mis padres en un mes, solo verlos una vez al mes, ojalá llamarlos lo más distante posible para reconstruir la relación.

La verdad es que lo más difícil de llevar a cabo el cometido es sentir que estoy fallando en algo que sé que esperan de mí. Pero poco a poco empecé a sentir que ese sentimiento de "deber" se fue debilitando y la relación se fue modificando a algo más desde el "querer", lo cual probablemente hace que quede al debe con las expectativa de mis padres, después de todo noto sus ganas de que esté más cerca, lo cual ello se irá ajustando con el tiempo y la depuración energética de la relación.

Autodescubrimiento 22

"Frustración, enojo, rabia e ira."

La acupuntura interpreta mis jaquecas extensas y recurrentes como una fuerte carga emocional de frustración, enojo, rabia e ira que se aloja en el hígado y bloquea el flujo energético en esos días.

Había puntos específicos donde ponían agujas que hacían equilibrar el hígado de esa carga energética, no obstante yo no demoraba mucho en volver a cargarlo. Bueno no voy a ser yo quien me enjuicie de estas emociones, dado cuanto he vivido en la persecución de un embarazo que mes a mes se me escapa de las manos y periódicamente me enrostra mis sombras que solo se vuelven contra mí misma sin poder superarlas. En fin, no lo puedo negar ni justificar, solo con humildad reconocerlo y ponerme en la camilla de una medicina que en este momento tiene todas mis fichas puestas.

En un par de ocasiones, me hicieron un tratamiento denominado 'almas encontradas' donde en la espalda ponían agujas en par a cada lado de la columna en puntos específicos que conseguían vaciar mis emociones.

Es el tratamiento más liberador que me han aplicado, salgo livianita, un poco sensible un par de días, pero todo tan suave… es como sentir la piel exfoliada, así se sienten las emociones, calmas, con la intensidad adecuada.

Bueno no en vano me aplicaron este tratamiento más de una vez, los hábitos mentales vuelven a acumular contenido en el hígado, ese tratamiento no es una solución es una oportunidad de vaciar y cambiar conductas para corregir el reflejo automático de canalizar esa energía y alojarla sin darle salida.

Soltar la Búsqueda

La terapeuta me propone, sutilmente que suelte la búsqueda, dice que hemos hecho todo y lo único que resta es soltar el embarazo y dejar que ocurra lo que tenga que ocurrir.

Es muy honesta en decirme que deje las vitaminas, el ácido fólico, los registros de mi ciclo con temperatura corporal (que en esta terapia había sido un dato muy esencial) y deje de ir a terapia.

Así lo hice, honestamente impulsada por la necesidad de los químicos para sobrellevar mi alergia al polen, algún químico que me ayudara a sobrellevar mi rosácea y tomar un tratamiento neurológico que me diera un descanso de las jaquecas.

Estaba cansada de resistir las adversidades sin poder conseguir tregua. Sabía que los químicos tampoco son la solución, pero necesitaba un respiro y si interrumpiría la búsqueda del embarazo era la oportunidad de rendirme a los químicos.

Nos dimos plazo de septiembre a diciembre para olvidar la búsqueda del embarazo, plazo suficiente para emprender tratamientos químicos que me dieran un alivio.

La condicionante de todos los medicamentos, entre ellos antibióticos que estaba ingiriendo era no embarazarse, dado que era inespecífico el efecto que estos pudieran tener en un feto, de ocurrir embarazo la instrucción es interrumpir todo inmediatamente, aunque en condiciones normales los neurológicos al menos debía reducirlos paulatinamente, bajando la dosis semana a semana hasta suspenderlo.

No fue fácil soltar la búsqueda del embarazo ad-portas del tic-tac, pero necesitaba el descanso de los dolores y la alergia congestiva estacional.

Fue grandioso gozar de libertad para hacer planes sin que se vieran interrumpidos por jaquecas o bancarme dolores de cabeza cumpliendo en compromisos irrenunciables.

Autodescubrimiento 23

"Estamos embarazados!!!"

Sin siquiera imaginarlo, dado un atraso, mi pareja me dice ´Hagamos un test de embarazo´ y en ese instante se me vino la sensación de un hombre, una guagua niño y fue ahí cuando me impregno una energía de certeza, de que ya estaba hecho, solo había que dejar pasar el tiempo. El momentum ya había sido lanzado.

Una sensación de tranquilidad y paz me llenó los poros, sentí que desde mi piel se desprendía una capa que dejaba a la luz un brillo sutil y radiante. Me sentía sostenida en un aura muy parejita y estable.

Pensé que mi embarazo seria lleno de ansiedad, comiendo compulsivamente, de permanentes jaquecas (decreto de la neuróloga dado mi historial clínico), mi cuerpo rápidamente se descuadraría y subiría 25 kilos en los 9 meses, muy planificado todo y controlando cada detalle para asegurar que todo fuera ideal, como lo más preciado en mi vida.

Todo ha sido tan diferente a como siempre lo imaginé; interrumpidos abruptamente todos los medicamentos que estaba ingiriendo, no tuve ningún síntoma de alergia, congestión, jaqueca, ni ansiedad... todo se movió a su perfecto equilibro. Ni siquiera tuve nauseas, ni vómitos, ni mareos. No me sentía embarazada, más que por que el ginecólogo confirmo el estado de gestación y la ausencia de mi flujo.

Todos los aprendizajes que quise integrar en mi búsqueda, de soltar miedos, el control, dejar ir, dejar que ocurra, etc... ahora estaban encontrando su espacio en mi experiencia; esto era lo que tenía que ocurrir para que yo encarnara el largo aprendizaje que se me había estado mostrando.

Quería resguardar ese estado de armonía y paz, así que a la primera que vinieron conversaciones con cuestionamientos del futuro y sin desconocer mi historial de bloqueos energéticos, establecimos un acuerdo en el interior de la pareja: 'un dia a la vez'.

Un dia a la vez significaba vivir solo el dia sin proyecciones, cada situación la resolveremos cuando se presente. Nos cuidamos el uno al otro en ese propósito y hemos sido criticados por no anticiparnos a algunas situaciones. Ha sido esta una buena estrategia para nosotros para sostener el embarazo sanamente y ahora que está bastante avanzado ir preparando algunas cosas como la habitación del bebé, evaluar y decidir qué tipo de pañales usaremos, elegir coche, cuna; que si bien son anticipaciones ya estamos compenetrados como pareja y fortalecidos en nuestro embarazo.

No quiero decir que el embarazo sea una panacea y estado de constante plenitud, solo quiero mostrar que para mí el inicio del embarazo fue la coronación de un proceso muy profundo, lo sentí muy iluminado y trascendental, como una graduación de un aprendizaje espiritual.

Las ecografías del inicio del embarazo mostraron que el ovulo salió del ovario izquierdo, digo esto porque el ovario que fue operado por un quiste fue el izquierdo, la trompa que estuvo obstruida fue la izquierda, el ovario que no soltaba el ovulo fue el izquierdo... el ovario que nos dio a nuestro hijo fue el izquierdo!

Autodescubrimiento 24

"... y final."

En base a todo este proceso de búsqueda del embarazo que ha sido muy profundo y extenso, contrastado con cursos, talleres y conocimientos adquiridos he podido relacionar como se conectan varios aspectos.

El cuerpo emocional es nuestra capacidad de sentir y se gatilla con un pensamiento, cuando nos ocurre algo así como por ejemplo me caigo en la calle y la mente genera un pensamiento como "todos me están mirando y piensan que soy tonta por caerme" el cuerpo emocional genera "vergüenza", en cambio si el pensamiento es "nadie me ayuda a pararme y podría estar gravemente dañada por mi caída" la emoción sería "fragilidad" y si no hay pensamiento no hay emoción y solo me enfoco en lo objetivo y concreto de la caída, si hay daño, cuánto daño es y pedir ayuda si es necesario o pararme, sacudirme la ropa y continuar mi camino.

El cuerpo físico a través de los sentidos entrega información a la mente, la cual procesa (pensamiento) y gatilla emociones que vuelven a la mente e impulsa energía/vibración que se impregna en el cuerpo generando relajo, tensión, salivación (ante el olor de un limón recién partido, por ejemplo) o innumerables reacciones, ante expresiones faciales de los otros o tonos de voz más allá de las palabras en sí, o frente a texturas que sentimos con nuestra piel, manos, pies, lengua, etc.

El ego es el cuerpo más frágil y vulnerable. Es el cuerpo que alberga todos los miedos, en especial los más profundos. Es el guardián de las heridas no cicatrizadas y cautela construyendo un amplio radio de campo minado para que no entren agentes invasivos a las heridas.

El ego le dicta a la mente pensamientos y/o instrucciones definidas y la mente materializa la acción o magnetiza las circunstancias a través del cuerpo eterico. Los mecanismos de alerta y reacción generados por el ego son de la gama más amplia que se pueda imaginar, pueden ser muy rústicos y toscos hasta muy refinados y sutiles. Hay comportamientos bastante atractivos que son impulsados por el ego o incluso benefactores como puede ser dar una limosna solo por el gusto de sentirse superior al mendigo, ocultando el miedo a ser igual que todos los demás que cruzan la vereda o suben el vidrio del auto evitando el contacto con el mendigo.

El espíritu es esa llama interna, es el ser, el yo soy. Consciencia pura, es donde sentimos la sensación de comun-union eterna. El espíritu le susurra a la mente pensamientos de amor en toda su gama. La mente gatilla emociones positivas y energías positivas (cuerpo etérico) y la vibración se impregna en la materia o cuerpo físico. Se llenan los espacios que el cuerpo egoico ha cavado y el cuerpo físico resuena con salud y bienestar.

Cuando vibramos en la sintonía del amor, compasión, alegría y la paz, fluimos y percibimos la sensación de que el tiempo no existe. Conectamos empáticamente con cuanto nos rodea, tomando consciencia de ser parte de un todo conectado.

La mente es la fuente de poder que materializa cada solicitud o input que le llega, no tiene facultades de discriminación o algún tipo de inteligencia, es una máquina de producción, su aporte es fuerza, potencia, poder. En el pasado cuando nuestros ancestros sintieron miedo, empezaron a intelectualizar la vida para tener control e influencia sobre lo que nos ocurre llenando así el vacío que el miedo había dejado, se desarrolló la civilización en torno al intelecto, se normó y legisló en base al conocimiento dejando en desuso la intuición, la conexión con el espíritu hasta atrofiar su conexión. Se sobrevaloró el saber externo, es mejor visto las certificaciones académicas que el desarrollo espiritual, hasta se instala el paradigma de que los doctores pesados son los mejores profesionales.

La mente la veo como un musculoso superhéroe, donde según quien la administre es el resultado que produce, así como también su sobreuso atrofia la capacidad de efectividad ya que sus fuerzas se dispersan en lugar de enfocarse, disminuyendo su potencia.

Cuando la mente se subordina al ego o a las emociones o a cualquier cuerpo se rompe el equilibrio, cuando uno permanece conectado al espíritu dejando de lado el cuerpo físico, se padecen desarmonías también, el equilibrio está en no polarizar ningún uso, todos son necesarios.

La manera en que yo relaciono la comunicación y flujo entre los cuerpos es solo una hipótesis en base al conocimiento, experiencias personales y consciencias levantadas, no desacredita otras propuestas de otros autores ya que la verdad es siempre parcial y juntos podemos avanzar más.

Quiero hacer el énfasis en que en mi apreciación cada síntoma, enfermedad y desequilibrio impacta a la totalidad de los cuerpos, en diferentes proporciones quizás, pero si los afecta a todos ya que están relacionados y conectados. Por tanto tal como un nudo de una madeja de lana, es posible remediar solo tirando una hebra o más de una, así mismo se pueden aplicar herramientas para un cuerpo u otro o varios a la vez, según dónde tengamos más receptividad en ese momento y de igual forma apoyar el propósito de sanar. Todo círculo vicioso se puede romper interviniendo uno o varios focos a la vez.

Con esto quiero decir que no existe un solo camino para desbloquear tu fertilidad, puedes hacerlo con masajes físicos o drenajes linfáticos que benefician mucho el útero y desde otro lenguaje también te enseña a soltar y dejar ser. Puedes tomar terapias florales donde mediante esencias te inyecta energías que tu cuerpo no ha aprendido a generar y el tratamiento lo puedes extender tanto como tu consciencia aprenda a integrar esas energías externas. Puedes también tener terapias de consciencias, como yo opté. Químicos con la medicina occidental/tradicional… no existe una sola salida, todo depende de donde tu abras tu receptividad para iniciar los cambios de pensamientos, emociones, miedos, conductas, energías y flujos.

Si nuestro embarazo no hubiera ocurrido aun, mi plan era proponerle a mi pareja que una vez terminado el tratamiento de químicos, que hubiera sido en enero, entregarnos a un tratamiento de inseminación asistida o in vitro, lo que fuera necesario según la evaluación de los especialistas en fertilidad, llegando hasta el final esta vez.

Antes quisimos iniciar este tratamiento y reculamos cuando el ginecólogo dijo: 'a operar el ovario para hacerle llagas que le permitan la salida al ovulo cuando crece y hace fuerza'.

Siento que con los tratamientos de la medicina occidental/tradicional uno tiene un recorrido mucho más agresivo, rápido e inconsciente para mi sensibilidad. De igual manera, en mi opinión, uno recorre desencuentros con la pareja, esa medicina no tiene tino en señalar culpables de los impedimentos, los elevados costos económicos le hacen transitar a uno por los desapegos, los esfuerzos, transar, ceder, los intentos fallidos cargan de frustraciones, enojos e impotencias que uno debe aprender a liberar para que el siguiente costoso intento si resulte. Soltar las expectativas y reencontrarse con la pareja.

...Siento que el camino necesario a recorrer es el mismo, solo resta elegir de qué manera hacerlo. Ahora para cada pareja el camino podría ser parecido en términos de enfrentar otros miedos, otras circunstancias y cotidianeidades, pero siendo honestos nos convocan las mismas emociones. Cada uno elige como sanar esos bloqueos.

Epílogo

Para ser honesta, no tengo la sensación de haber sanado todos los miedos que descubrí en el proceso que obstaculizaban mi embarazo. Más bien me quedo con lo valioso que fue tomar consciencia de ellos, aprender a reconocerlos como operaban en mi cuando se activaban; y finalmente aprender a convivir con ellos, la mayor parte del tiempo no están presentes, que no me pillen por sorpresa y reconocer cuando se están aproximando antes de que tomen total control de mi voluntad y fuerzas, saber dar la pelea cuando se activan y me atormentan. También es importante elegir las peleas que se dan, quizás algunas veces simplemente dejar que el miedo se exprese y permitirle que se encarne en mí y conocerlo más aun, tomando consciencia.

No es necesario eliminar o controlar todos los miedos... solo darle la orden enérgicamente en el momento en que necesitas que estén lejos, no para siempre; en este caso en el momento de la Concepción solamente.

Después de la concepción tu energía cambia y puedes hacer otras cosas o simplemente esos miedos pierden interés en ti.

Y por último, un día a la vez, después veras que hacer con los miedos, si es que se asoman a tu radar nuevamente.

www.ingramcontent.com/pod-product-compliance
Lightning Source LLC
Chambersburg PA
CBHW070040110426
42741CB00036B/3018